Collection « SAVOIR POUR REUSSIR »

Titres disponibles (chez le même éditeur)

Paul-Clément JAGOT :

— Le pouvoir de la volonté sur soi-même, sur les autres, sur le destin.
— L'effort réalisateur et l'énergie de la réussite
— Méthode pratique d'autosuggestion.
— Méthode pratique pour développer la mémoire.
— Méthode rationnelle pour acquérir la maîtrise de soi.
— La timidité vaincue.
— La psychologie de l'amour.
— L'éducation de la parole.
— Les lois du succès
— Le livre rénovateur des nerveux et des surmenés.
— Les marques révélatrices du caractère et du destin.

P.-C. JAGOT et Dr P. OUDINOT :

— L'insomnie vaincue.
— Comment développer votre charme personnel.

Jean CHARTIER :

— Comment acquérir une personnalité supérieure.
— La timidité guérie en 3 semaines.
— 100 moyens pour gagner plus d'argent.

Antoine LUZY :

— La puissance du regard.

PAPUS (Dr Gérard Encausse) :

— Comment on lit dans la main.

THYLBUS :

— Les cartes et les tarots.
— Le mystérieux domaine des songes.

André LECERF :

— Cours pratique de graphologie.

Louis WAN DER HEYOTEN :

— Santé et harmonie par les techniques corporelles et spirituelles.

LE LIVRE RÉNOVATEUR DES NERVEUX ET DES SURMENÉS

collection "SAVOIR POUR RÉUSSIR"

OUVRAGES DU MEME AUTEUR

(chez le même éditeur)

— **Le Pouvoir de la Volonté.**
— **Méthode pratique pour développer la Mémoire.**
— **La Timidité vaincue.**
— **Les Lois du succès.**
— **Psychologie de l'amour.**
— **L'Education de la parole.**
— **Méthode pratique d'Autosuggestion.**
— **Méthode rationnelle pour acquérir la Maîtrise de Soi.**
— **Les marques révélatrices du Caractère et du Destin.**
— **Initiation à l'art de guérir par le Magnétisme humain.**
— **Le livre rénovateur des Nerveux, Surmenés, Déprimés.**
— **Science occulte et Magie pratique.**
— **L'Influence à distance ; la Transmission de pensée.**
— **Méthode pratique de Magnétisme, Hypnotisme, Suggestion.**
— **Théories et Procédés de l'hypnotisme.**
— L'effort réalisateur et l'énergie de la réussite.
— **Traité méthodique de Magnétisme personnel.**
— **Mémento pratique de culture physique (Méthode vertébros).**

En collaboration avec le Docteur P. OUDINOT :

— **Comment développer votre Charme personnel.**
— **L'Insomnie vaincue.**

Paul-Clément JAGOT

Le livre rénovateur des NERVEUX, SURMENES, DEPRIMES, DECOURAGES

Guide pratique pour surmonter toute défaillance nerveuse ou cérébrale

43e mille

Editions DANGLES
18, rue Lavoisier
45800 ST JEAN DE BRAYE

ISBN : 2-7033-0082-4

Lettre-Préface

Cher Monsieur,

« Vous souhaitez de moi une courte préface à votre nouveau livre ; une préface qui ne serait qu'un encouragement sans engager ma propre doctrine.

J'ai cherché le motif qui vous faisait m'honorer d'une telle confiance. J'étais sur le point même de me récuser car je me demandais en quoi ma personnalité pouvait être de quelque support pour votre œuvre.

Voici le motif que j'ai découvert ; voici pourquoi j'ai accepté :

N'ai-je pas moi-même, dans mes leçons sur le subconscient et la psychanalyse, professées au Collège des Sciences sociales, poursuivi comme vous l'unique but de soulager ? Entre Infirmiers de la bonne propagande, au service d'une régénérescence si désirable des multitudes de névrosés qui languissent d'angoisse, d'impuissance et d'obsessions, ne faut-il pas s'entraider ?

Au front des luttes quotidiennes, lorsque tombent sous la rafale des épreuves morales les victimes vouées au désespoir, les plus obscurs des secouristes sont les bienvenus et nul ne saurait se dérober.

J'ai donc consenti à crier avec vous : Présent !

Votre appel est donc fait de confiance en un compagnon d'armes. Et ma réponse m'oblige à prendre ma place à l'un des bouts de votre brancard.

On parle beaucoup d'hygiène mentale, en cette ère d'inquiétude que nous traversons. J'ai grand peur que les Pontifes de cette Science nouvelle n'aient pas toujours saisi ce qu'il en faut entendre ! Ce que j'en vois, en tout cas, est loin de me satisfaire. J'ai appris en quarante-cinq années de secourisme pour les blessés du cerveau qu'on leur donne plus avec son cœur qu'avec sa science.

Vous voyez que ma doctrine est la vôtre, si j'ai bien su discerner au travers de vos lignes comme au travers de votre vie l'ensemble des mobiles qui vous ont jeté dans la mêlée.

Votre clinique sociale est une rénovation de l'antique philosophie à laquelle on revient toujours comme à une saine consolatrice.

Si nous disons à nos nerveux que la douleur n'est qu'un mot, c'est que par notre attitude et nos conseils nous avons partagé leur peine. N'est-ce pas déjà beaucoup de l'avoir coupée en deux ?

Croyez, Cher Monsieur, à mes sentiments les meilleurs. »

Docteur LEGRAIN,
Médecin en chef honoraire des Asiles,
Expert près les Tribunaux.

Introduction

L'esprit tourmenté, les nerfs tendus, l'homme moderne s'use, semble-t-il, sur place. Les difficultés complexes de la vie moderne, ses mille et une obsédantes sollicitations multiplicatrices des convoitises, sa hâte désorientée suffisent, en universalisant le surmenage, le désordre et les excès, à dérégler de robustes organisations psycho-nerveuses et à ruiner des vitalismes exempts de tares héréditaires. Ainsi, même en dehors des troubles issus d'anomalies constitutionnelles, observe-t-on d'innombrables variétés de délabrement neuro-cérébral.

Pour les plus résistants, ces troubles se résolvent en altérations simplement quantitatives : moindre activité, moindre résistance. Pour les prédisposés, ils préfacent fréquemment, faute d'être amendés à temps, ces déchéances qualitatives qui relèvent de la psychiatrie.

Un grand nombre de déficients et de candidats aux irrémissibles névropathies pourraient se prémunir et réagir, s'ils savaient comment s'y prendre. Nous allons le leur dire, leur montrer à faire, d'abord en eux-mêmes, de l'ordre et du calme, à éliminer de leur psychisme les éléments désorganisateurs, puis à y intégrer les notions qui engendrent la vigueur, la lucidité et la sérénité. Les surmenés, les fléchissants vont apprendre comment toute tension excessive des nerfs et du cerveau peut être compensée, comment, en pleine menace, juguler le tumulte émotionnel, surmonter la panique intellectuelle et rallier ses énergies réalisatrices. En ce qui concerne les chocs qui ébranlent, les adversités qui désorganisent, les meurtrissures qui anéantissent, nous dirons comment concevoir, pour s'entraîner à l'opposer aux hostilités inséparables de la vie, une sorte de stratégie individuelle faite de vigilant réalisme pour prévenir et d'imperturbabilité résolue pour subir l'inévitable puis recouvrer, dans le plus bref délai, l'intégral équilibre et la paix intérieure.

Puisse ce livre permettre tout le bien auquel j'ai pensé en l'écrivant.

Paul-Clément JAGOT.

CHAPITRE I

Le réglage primordial du nerveux

1. — L'origine des troubles nommés « Nervosité »

Doué d'une sensibilité et d'une impulsivité maxima, le nerveux doit à ces deux qualifications la souplesse intellectuelle et l'adaptabilité d'où il tire ses aptitudes pour le travail cérébral, les arts, la virtuosité, l'improvisation, l'invention et les réalisations délicates.

Les troubles auxquels le prédisposent sa sensibilité et son impulsivité sont donc largement compensés. Ils peuvent, d'ailleurs, être évités ou supprimés par l'introduction d'un peu d'ordre et de méthode dans l'action et dans la pensée.

Nous examinerons plus loin comment se rééduque la sensibilité. C'est, en effet, par le réglage de l'impulsivité, plus immédiatement accessible, qu'il convient de commencer.

Parce qu'impulsif, le nerveux s'agite, se dépense sous les plus faibles incitations, en paroles, gestes et actes inutiles. Il se sent ensuite déprimé et contracte alors volontiers l'habitude des excitants. Il mange hâtivement, digère mal, assimile peu. Ses préférences vont aux aliments sapides qui irritent le tube digestif, le foie et le rein et dont l'usage trop exclusif compromet sa nutrition qui nécessiterait une part suffisante d'hydrocarbones, de sels minéraux, de diastases et de vitamines. Sa coenesthésie comporte, du fait des erreurs précédentes, de fréquents malaises viscéraux, de l'abattement, des lourdeurs et des faiblesses. Faute de celluloses et d'eau, les éliminations s'effectuent mal, d'où la fréquence des migraines, névralgies et insomnies.

Auto-intoxication d'une part, insomnie de l'autre engendrent une sorte de débilité, sensibilisatrice aux mille et une causes de maladies aiguës ainsi qu'aux influences morales surexcitantes ou déprimantes.

Manœuvré par ses impulsions — tant qu'il ne réagit pas — le nerveux ne sait pas observer d'heures fixées. Les retards qui s'ensuivent l'obligent à des hâtes trépidantes qui altèrent sa lucidité : oublis et étourderies s'accumulent alors dont la constatation l'irrite et inflige à ses nerfs, déjà trop constamment tendus, un degré supplémentaire de tension.

Tout ce qui précède explique l'instabilité cardiaque et vasculaire du nerveux, pourquoi il supporte mal les températures extrêmes et d'où viennent ses palpitations et ses poussées congestives, éruptives et fébriles.

Ce tableau sommaire n'est pas exagérément chargé. C'est celui du nervosisme moyen, commun à la majorité des prédisposés que nous rencontrons chaque jour. Tous les inconvénients qu'il totalise sont tolérés et à peu près compensés, dans la majorité des cas, pendant de longues années. Mais, vient un jour où les troubles s'accentuent, où la lésion apparaît, où le psychisme se désordonne gravement. C'est alors que le nerveux s'obsède, et que, faute d'avoir su se surveiller à temps, il voit son attention enchaînée à un inventaire perpétuel, à une incessante scrutation de son état.

2. — Le principe du réglage

A l'impulsivité, cause du mal, il faut opposer, substituer *l'autocontrôle,* c'est-à-dire faire un effort d'attention pour s'imposer des comportements délibérés. L'intéressé doit prendre la résolution de gouverner son organisme, d'agir de manière à y déterminer l'harmonie fonctionnelle, le bien-être interne, le calme et la pondération ; à pouvoir compter sur la disponibilité continuelle d'un potentiel d'énergie uniforme, sans excitation ni prostration. Il sera alors libéré de toutes les perturbations qui entravaient le jeu et l'essor de ses facultés et aptitudes.

Sachant combien il est enclin, de par son naturel primesautier et impatient, à trop entreprendre d'emblée — pour tout abandonner et tout oublier le lendemain — nous ne saurions trop recommander au nerveux de procéder graduellement. Pour commencer, le mieux est de concentrer sa volonté sur la mise en pratique d'*un* des paragraphes ci-après, jusqu'à ce que l'habitude en soit devenue automatique. Ensuite, il entreprendra de se conformer au paragraphe suivant, puis au troisième et ainsi de suite.

De même que ses troubles, les déboires et insuccès du nerveux sont, pour la plupart, dus à sa spontanéité. Dès qu'il devient, au lieu de spontané, réfléchi et attentif, toutes ses possibilités se trouvent accrues.

3. — Rythmes réguliers

Prévoir méticuleusement toutes ses occupations, assigner à chacune son heure et sa durée, les exécuter exactement à l'instant fixé, telles sont les premières mesures à prendre. On élimine ainsi trois causes d'énervement :

1°) le retard, qui entraîne toutes les agitations de la hâte ;
2°) l'oubli ;
3°) l'obsession anxieuse et préoccupée du moment suivant.

Cette initiale réglementation assure une détente immédiate et une amélioration rapide. Certes, l'impulsif répugne à observer cette ponctualité. Il lui semble devenir l'esclave de l'heure alors qu'en réalité il en devient le maître, bannissant toute contrainte à se bousculer et tout empiétement du souci sur le moment de ses loisirs. Rien ne l'empêche plus de procéder posément à chacune de ses besognes. Aussi, travaille-t-il plus aisément et mieux, tout en se fatiguant moins. L'acuité, la précision et la persistance de son attention, de sa mémoire y gagneront, de même que l'équilibre de son jugement.

Il est bien entendu que si l'on ne peut noter à l'avance dans le détail chaque occupation de la journée, on peut, du moins, prévoir chaque *sorte* d'occupation, sa durée approximative et la marge de transition entre la précédente et la suivante. Certains d'entre nous sont à même de composer un plan pour le mois entier ; d'autres envisagent leur activité semaine par semaine ; mais tous doivent, au début de chaque jour ou la veille au soir, préparer soigneusement leurs faits et gestes du lendemain.

L'exécution du plan prévu ne manque pas d'obstacles : inclination personnelle au laisser-aller, fantaisies soudaines, sollicitations d'autrui, etc... C'est pourquoi on devra se surveiller et se répéter mentalement : *« Je veux vivre conformément à* mes *intentions délibérées et à* ma *propre volonté. »*

4. — Travail et repos

Rien n'est plus salutaire au nerveux que le travail paisible et ordonné. Mais, tout en observant, quant aux moments, un rythme régulier, ce ne sera pas du jour au lendemain qu'il saura œuvrer tout à fait sereinement. Il doit s'attendre à la persistance de ce quelque chose d'un peu fébrile, d'un peu inquiet, dont ses pensées et ses actes sont pétris et qui tend à faire naître en lui-même, dès qu'il agit, un degré de constriction proportionnel à la durée et à l'intensité de son application. Pour combattre cela, il suffit de s'exercer, plusieurs fois par jour, à suspendre son activité et à détendre ses nerfs, de manière à enrayer leur constriction grandissante. Toutes les deux ou trois heures, donc, conserver un instant, disons cinq minutes, au relâchement et à l'immobilité musculaires les plus complets et distraire sa pensée du travail en cours en l'orientant vers quelque sujet attrayant ou apaisant. Dès que l'effort cérébral se trouve ainsi interrompu, l'amplitude des mouvements respiratoires s'élargit automatiquement, et, à la fin de l'exercice, on sera dans d'excellentes dispositions pour prendre quelques inspirations profondes qui achèveront la détente.

Les loisirs du nerveux devraient être intégralement consacrés au repos en plein air, du moins jusqu'au jour où il se sera entièrement rendu maître de son tempérament. Les assemblées, réunions, discussions, salles de spectacle ou de danse représentent pour lui de grands ennemis. Les efforts musculaires fatigants ne lui conviennent pas, ni l'émulation inséparable des sports, même légers. Ce que nous lui recommandons, c'est l'exercice doux, en groupe limité et, si possible, isolé. La marche, sur une trajectoire peu encombrée, apaise et réconforte particulièrement bien. L'allure restera moyenne (5 km à l'heure) et la durée n'excédera jamais la limite au-delà de laquelle la fatigue deviendrait sensible.

Quant au sommeil, sa suffisance doit être considérée comme la condition *sine qua non* de l'équilibre. La régularité conseillée au paragraphe précédent aidera considérablement à assurer le repos nocturne de même que les indications qui vont suivre, relativement au régime. Pour les cas particulièrement rebelles, je renvoie le lecteur à mon ouvrage spécial sur l'insomnie (1).

---

1. Paul-C. Jagot et Dr P. Oudinot. « *L'Insomnie vaincue.* » (Editions Dangles.)

5. — Régime et éliminations

Nous avons vu que le nerveux mange trop vite. Cette tachyphagie trouble ses digestions et sa nutrition. Qu'il prenne soin de mâcher et d'insaliver posément ses aliments, et il aura supprimé l'une des principales causes de ses malaises et de ses instabilités sthéniques. Secondement, il devra réformer la composition trop exclusivement azotée de ses repas.

Le matin : thé ou café léger ou chocolat à l'eau, 50 grammes de pain grillé ou rassis, 5 grammes de beurre. Le lait, soit pur, soit mélangé, paralyse la sécrétion gastrique (2). Son usage est contre-indiqué.

A midi : un hors-d'œuvre végétal cru en très petite quantité, 100 grammes de viande rôtie ou grillée, un plat hydrocarboné (pommes de terre, riz, pâtes, légumes frais, fruits oléagineux frais), un fruit mûr, 100 g de pain.

Le soir : un potage légumineux maigre, un légume frais de saison ou une salade verte très peu vinaigrée, un fromage frais, 100 g de pain.

Les quantités indiquées ci-avant conviennent aux sédentaires. Elles doivent être augmentées d'un dizième par heure de travail musculaire journalier.

On peut, d'ailleurs, ajouter une légère collation à 4 heures, et, immédiatement avant le sommeil, une tasse d'infusion chaude qui accélérera le travail digestif.

Tous les excitants devraient être bannis. Cependant, le nerveux moyen peut se tolérer le café léger (3) à midi et une très

2. Voir : Dr P. Carton. *« Traité de médecine et d'hygiène naturiste. »*
3. Le café — vaso-constricteur — stimule, mais ne sustente pas et, à l'euphorie qu'il procure succède une dépression proportionnelle.

faible quantité journalière de sucre industriel (5 grammes). L'usage, si modéré soit-il, d'alcool distillé sous une forme quelconque, même liquoreuse, équivaut à un geste autoperturbateur. Apéritifs et vins capiteux doivent être rejetés au même titre. La boisson : vin léger largement coupé d'eau, gagne à être absorbée à la fin du repas.

Pour faciliter les éliminations, on absorbera chaque jour, entre les repas, et par petites quantités répétées (un demi-verre ordinaire), trois quarts de litre d'eau pure filtrée ou bouillie. La cellulose des fruits frais et de la salade crue contribuera, d'autre part, au nettoyage du tube digestif.

Il ne faut pas croire que le régime préconisé ici soit nécessairement monotone et désagréable. Il est, au contraire, compatible avec une fine gastronomie. On consulterait avec profit, à ce sujet, l'ouvrage spécial du Dr P. OUDINOT (4) qui donne, sur l'alimentation saine, les plus précieuses indications avec une nomenclature étendue de tout ce qui peut entrer dans la composition d'une diététique rigoureusement salutaire.

6. — Régularisation cardio-vasculaire

Les températures excessives — le froid surtout — affligent exagérément le nerveux. S'il tient compte des recommandations précédentes, cette disposition s'améliorera considérablement. Il y aidera encore en pratiquant une hydrothérapie raisonnable et en usant d'auto-massages légers.

Parmi les formules hydrothérapiques favorables au nerveux, nous en retiendrons deux :

4. Dr P. Oudinot. « *La conquête de la santé.* » (Editions Dangles.)

1°) le bain, à une température un peu plus chaude que tiède ;

2°) l'affusion ou la douche en pluie.

Le bain sera prolongé dix minutes au plus et suivi d'une friction générale, de bas en haut, avec un gant de crin ou un linge rude. L'affusion, ou « tub » à l'éponge et la douche en pluie doivent s'administrer dans un local où la température atteint 15 à 20° centigrades. Ainsi, tout en commençant par se lotionner à l'eau chaude, on pourra, une fois le corps réchauffé, continuer par de l'eau tiède et terminer par un rapide, mais général contact d'eau fraîche. A noter que toute répugnance pour l'eau fraîche s'évanouit sous la double condition indiquée : local bien chauffé et action préalable de l'eau chaude. Plus tard, le nerveux pourra s'aguerrir, braver le froid sans sous-vêtements, prendre des douches fraîches d'emblée, etc., mais l'entraînement progressif s'impose, préalablement. Durant les chaleurs estivales, le bain de rivière, de piscine et quelques exercices de natation auraient d'excellents effets.

Tout en évitant la gêne vestimentaire qui résulte d'ajustements trop précis, tout en évitant aussi de se couvrir exagérément en hiver et de s'alléger à l'excès en été, il ne faut pas omettre, durant les grands froids (au-dessous de 0°), de porter un sous-vêtement de laine couvrant la peau, des chevilles au cou, afin d'être préservé contre l'effet des écarts brusques de température. Ceux-ci déclenchent, en effet, une réaction vasculaire périphérique d'adaptation dont il est tout indiqué de s'éviter la dépense nerveuse. Dès que les beaux jours maintiennent le thermomètre extérieur à au moins 10°, on remplace la combinaison de laine par une très légère flanelle.

Enfin, il sera judicieux d'augmenter progressivement son aptitude au mouvement. En commençant par effectuer à pied une partie d'un trajet que l'on effectuait habituellement dans un véhicule, les plus débiles arriveront, cent mètres par cent mètres, à parcourir chaque jour, sans fatigue, plusieurs kilomètres.

7. — Difficultés et écarts

La difficulté principale dans la mise en pratique de ce qui précède, c'est de songer à chaque chose en temps opportun. Il s'agit de former de nouvelles habitudes. Cela peut demander des semaines, parfois des mois. Mais la portée des règles en question est trop évidente pour ne pas entraîner, chez toute personne amie d'elle-même, le désir de s'y conformer.

Au début, on oubliera sans doute fréquemment de se surveiller. Après quelques jours d'attention et d'autocontrôle celle-ci tendra à se relâcher, et il se pourra qu'on revienne, inconsciemment et automatiquement, à ses errements coutumiers sans que la notion de cette défaillance se présente une seule fois à l'esprit.

Ce fait étant prévu ne devra pas déconcerter, ni décourager. On recommencera, tout simplement, à se surveiller et à tenir compte des indications un moment négligées. Une deuxième, une troisième, une dixième période d'oubli seront chacune suivies d'une reprise d'autocontrôle. Les actes volontaires, réfléchis, se totaliseront, ainsi, de plus en plus appréciablement et le moment viendra, où, à force d'être répétés, ils passeront dans l'automatisme.

Les écarts éventuels, en ce qui concerne les excès d'activité, de veille ou de régime, pourvu qu'ils ne soient pas fréquents, se trouveront relativement compensés si, le lendemain, ils sont suivis d'une mesure neutralisatrice. A un travail supplémentaire doit succéder un repos plus étendu, plus complet que de coutume. Une veillée tardive nécessite une longue nuit de sommeil. Un repas toxique ou trop abondant requiert un jour de diète hydrique (5) pour reposer et lessiver les organes surmenés.

---

5. Absorber uniquement, par verre à madère, un litre et demi d'eau dans les vingt-quatre heures. On peut simplement passer un repas et faire douze heures de diète hydrique.

CHAPITRE II

Fatigue et surmenage

1. — Fléchissements accidentels et déficiences chroniques

Tant qu'il n'a pas appris à se surveiller comme nous le recommandons au chapitre I, le nerveux, impulsif et replié sur lui-même par définition, se fatigue sans causes spéciales par la modalité même de ses comportements. S'il lui survient deux ou trois sujets supplémentaires de souci, ses résistances fléchissent et il lutte désespérément pour tenter de surmonter le bouleversement qui tend à s'emparer de lui.

Comment réagir ?

Les paragraphes 3 à 7 du présent chapitre vont l'indiquer.

Et, en se conformant à ces indications, les surmenés de toute espèce ne tarderont pas à sentir leurs énergies se restaurer, à recouvrer leur vigueur cérébrale. Les surmenés sont ceux que leurs ambitions, leurs charges, ou diverses circonstances astreignirent à une activité excessive, ou ceux qui furent coutumiers des abus de « plaisir » auxquels, à notre époque, tout incite plus que jamais les prédisposés. Généralement vigoureux, ils ne s'arrêtent qu'au jour où le débilitement de leurs capacités les handicape sérieusement. En même temps qu'un malaise généralisé continuel, ils ressentent, par divers symptômes variables, les troubles, les impotences fonctionnelles ou lésionnelles qu'ils ont laissés s'installer. Leur attention s'émousse, leur mémoire s'efface et se désorganise, leur jugement s'obscurcit. Ils passent de la surexcitation frénétique à l'irrésolution dolente, perdent confiance en eux-mêmes et souffrent de constater l'infériorisation grandissante de leurs moyens. Fréquemment, on le conçoit, leurs affaires périclitent et leur influence diminue, ce qui ne contribue pas peu à les assombrir.

La plupart des surmenés sont des courageux, des actifs. Dès qu'ils savent comment s'y prendre pour redevenir forts, ils s'y appliquent sans atermoyer. Les moyens donnés plus loin seront, pour ceux-là, rapides et sûrs.

2. — Notions sur l'influx nerveux

Le mécanisme des multiples déficiences auxquelles nous nous proposons de porter remède sera d'autant mieux inhibé, qu'on l'aura bien saisi. Schématiquement, on peut le concevoir comme une réduction — accidentelle ou continuelle — de ce que les physiologistes ont nommé « l'influx nerveux », c'est-à-dire l'énergie animatrice de toute fonction végétative, perceptive ou intellectuelle. Elaborée par l'organisme, cette énergie est vraisemblablement condensée dans ces accumulateurs-distributeurs qu'on nomme « plexus ». Ceux-ci répartissent l'influx, automatiquement, selon les besoins fonctionnels successifs. Leurs réserves sont mises à contribution dès qu'il survient un besoin exceptionnel : une émotion vive, un effort inaccoutumé, etc...

Mais aussitôt que le potentiel d'influx nerveux s'abaisse au-dessous de la normale, le ralentissement, l'irrégularité, l'inertie apparaissent sous diverses formes.

L'insuffisante irrigation du réseau organo-végétatif par son agent animateur peut provenir de ce que l'élaboration de celui-ci s'effectue mal. Il y a, alors, débilité. Après un effort excessif et prolongé au cours duquel les réserves accumulées dans les plexus ont subi d'abusifs prélèvements, l'épuisement apparaît. A toute impression profondément désagréable succède l'accablement. Et quand le débit d'influx devient irrégulier, on oscille de l'agitation à l'anéantissement, de l'enthousiasme à l'apathie.

On comprend que les insuffisances, les raréfactions de l'influx nerveux compromettent aussitôt le mécanisme délicat des fonctions cérébrales. C'est alors que l'attention devient pénible et défectueuse, que la coordination des idées se relâche, que les images mentales, imprécises et languissantes se dérobent à l'effort de compréhension et ne s'inscrivent que confusément et faiblement dans la mémoire.

Pour certains, l'insuffisance psycho-nerveuse, quoique réelle, ne se manifeste pas ordinairement parce que leur genre de vie ne comporte qu'une activité automatique. Mais, dès qu'ils se trouvent impressionnés, dès qu'ils ont à faire face à une difficulté inusitée, ils perdent le contrôle de leur émotivité et de leur pensée. Une chute, un coup, une menue blessure les ébranlent profondément. Ils s'énervent, s'irritent pour des contrariétés insignifiantes. Enfin, le danger échéant vampirise leur énergie et annule leur lucidité. Sous l'effet d'une image quelque peu terrifiante, ils sont pris de sueurs profuses, de palpitations, de dyspnée.

Que faire ? Restreindre le *débit* ; augmenter l'*élaboration* ; régulariser la *distribution.*

Quelle que soit la cause du déficit, on y substituera ainsi la balance exacte d'abord, la réserve reconstituante ensuite.

3. — L'isolement, l'immobilité et l'obscurité

N'importe où, mais de préférence en plein air et dans un lieu paisible, isolez-vous. Flânez à petits pas ou asseyez-vous. Marchez, même assez rapidement si vous vous en sentez les ressources, mais restez seul, ne parlez à personne. Ceci une heure par jour.

Ainsi, vous épargnerez de l'influx nerveux parce que vous suspendrez, pour un moment, deux fonctions qui en exigent beaucoup : l'audition attentive et la parole. Une heure passée dans ces conditions équivaut à une économie d'énergétisme négligeable, semble-t-il, pour un robuste, mais très appréciable pour un déficient. Ce n'est, d'ailleurs, nullement ennuyeux et chacun peut accommoder selon ses goûts cette prescription. Un jardin public, une terrasse de café, un hall d'hôtel, un musée offrent la retraite nécessaire. On peut la trouver chez soi, derrière les vitres, à regarder distraitement ce qui se passe au dehors, ou allongé dans un fauteuil à feuilleter une revue illustrée. Indirectement, ce procédé a une immense portée, car il habitue à l'idée de faire quelque chose pour réagir et à exécuter cette idée.

En vous plaçant dans l'obscurité pour accomplir « l'heure d'isolement » conseillée plus haut, vous ajouteriez à son effet dynamogénétique par le fait que deux de vos sens, la vue et l'ouïe, cesseront absolument de requérir le débit d'influx indispensable à leur activité. Pour cela, le mieux est de s'étendre et de somnoler, en se laissant aller à une rêverie paisible.

Dans les cas de fatigue par tracas, soucis ou difficultés obsédantes, on peut tirer de l'isolement dans l'obscurité un profit supplémentaire. Sitôt allongé, il suffira d'envisager très rapidement les difficultés de l'heure présente et d'exprimer mentalement le désir de trouver, à leur sujet, des inspirations utiles pour déclencher le mécanisme générateur de celles-ci.

Une fois l'impulsion rapidement donnée à ce mécanisme, on peut laisser l'attention flotter au fil de l'idée, tâcher de l'orienter sur des sujets fantaisistes ou sans importance, ou mieux encore : rechercher l'inertie intellectuelle complète. Cela ne fera que faciliter le travail de déchiffrage de cet arrière-fonds cérébral qu'on nomme « l'inconscient ». Il s'y opérera des associations de pensées relatives aux solutions qu'on désire, et, de ceci, naîtront souvent des idées nouvelles qui, telles des lames de fond, monteront instantanément des profondeurs psychiques pour émerger dans le champ de la surface consciente. Rien n'empêche alors de les noter hâtivement à tâtons, sur un carnet préalablement disposé à cet effet à portée de la main. En tout cas, on sortira toujours de cette courte retraite fortifié et rasséréné.

Au silence et à l'obscurité, ajoutez encore l'immobilité et l'effet s'accentuera. Il suffit de prendre une position confortable et de se surveiller pendant dix à quinze minutes, en vue d'inhiber immédiatement toute impulsion au mouvement, même partiel, pour que le système musculaire se détende et qu'une sorte de torpeur, très agréable, survienne, au cours de laquelle l'immobilité se conserve d'elle-même pendant un temps indéterminé. C'est alors une sorte de repos léthargique, équilibrant et reconstituant. Cette pratique convient au moment de la journée qui précède immédiatement le sommeil. Elle l'engendre immanquablement. Elle l'assure paisible et profond. Quand on en a pris l'habitude, on peut y introduire, dès les premières minutes de parfaite relaxation musculaire, une tentative de raréfaction puis de suspension de la pensée. Pour cela il faut :

1°) maintenir l'intention de cesser de penser ;

2°) dissocier son attention de tout ordre d'idées ou de toute image qui se présente et tend à persister.

4. — La restriction verbale

L'attention restrictive de la parole assure un rapide réconfort. On sait qu'à toute débauche orale succède toujours une dépression. Inversement, quelques heures de silence constituent, pour l'esprit et les nerfs, un véritable tonique.

Les gens fatigués, surmenés, tourmentés épargneront un

potentiel considérable d'influx nerveux par le simple fait de réduire au minimum leur activité verbale.

Comment procéder ?

S'abstenir, avant tout, de crier, de parler haut et de discuter, bannir toute précipitation dans le débit : parler posément, plutôt lentement. Bien entendu, ce qui importe surtout, c'est de réduire au strict indispensable le nombre de paroles prononcées chaque jour. La vie, le travail, nécessitent que nous parlions. Mais, sur l'indispensable, chacun peut encore épargner en se surveillant pour substituer à la phrase spontanée une phrase réfléchie, autrement dit en prenant l'habitude de délibérer, avant de s'exprimer, le sens et les termes de ce que l'on a à dire ou à répondre. La seule abstention des paroles inutiles laisse disponible, dans l'organisme, une somme d'énergie dont l'accumulation devient nettement sensible en quelques heures. Garder le silence chaque fois qu'on ressent l'impulsion de parler sans utilité absolue, c'est retenir en soi l'énergie même de cette impulsion.

Quoique aisée et d'une efficacité évidente, l'observance de ces indications se trouve assez souvent mise en échec par des considérations de pure vanité. Ainsi, on entame et on soutient une discussion pour la bagatelle de prouver à X... ou à Z... qu'on pense juste. Dépenserait-on, au bénéfice de X... ou de Z..., une somme importante (1) ? Pourquoi, alors, se mettre en frais d'une énergie plus précieuse que l'or (et dont dépendent d'ailleurs nos moyens de réalisations) ? Si X... ou Z... est dans l'erreur tandis que vous détenez la vérité, cela n'implique pas de votre part l'obligation de peiner pour lui ouvrir les yeux. Est-ce pour lui imposer la preuve de votre supériorité ? Ses opinions, cependant, vous importent beaucoup moins que votre bien-être interne, lequel nécessite la suppression de toute dépense inutile d'influx nerveux.

---

(1) Par exemple pour le gratifier des documents susceptibles de l'éclairer.

5. — L'air

La respiration lente, profonde, paisible détermine le calme et la condensation de l'énergie ; la respiration rythmée mobilise l'énergie et incite à l'action. Quand on se sent agité, bouleversé, commotionné par une nouvelle fâcheuse, par des difficultés soudaines et imprévues, enfiévré par une tension d'esprit qu'on désire rompre, c'est à la respiration lente qu'il y a lieu de recourir. Le mieux est de s'étendre horizontalement, sur un plan inférieur à celui de la fenêtre ouverte, de désangler ses vêtements et de prendre de longues inspirations. L'horizontalité et la proximité d'une imposte ouverte déterminent d'ailleurs presque automatiquement, sans efforts, un élargissement du rythme respiratoire.

Si l'on doit agir et qu'on se sente dolent, ce sera la respiration relativement rapide qui devra intervenir. Tout en effectuant un mouvement de bras très simple (par exemple leur élévation latérale), on prendra une inspiration au premier temps et on expirera au second, ceci à la vitesse moyenne de 3 à 4 secondes pour une respiration complète coïncidant avec un aller et retour des bras.

Enfin, dans les deux cas, on peut, en fermant les yeux, formuler mentalement une sorte d'appel aux forces du dehors, selon l'enseignement ésotérique hindou. L'arrivée de l'air dans les poumons doit être accompagnée de l'idée qu'on aspire à la fois le vivifiant oxygène et d'invisibles énergies occultes.

6. — La détente cinématique

Extrêmement salutaire, cette mesure permet de surmonter non seulement l'agitation inséparable de tout surmenage, mais aussi la plupart des troubles spasmodiques coutumiers aux nerveux.

Depuis le premier geste que vous faites en vous éveillant jusqu'au dernier précédant votre sommeil, imposez à tous vos mouvements une allure lente et régulière. Ménagez-vous le temps d'agir ainsi et surveillez-vous. Cette seule prescription, dès les deux ou trois premiers jours de sa mise en pratique, jours durant lesquels toute précipitation, toute fébrilité seront ainsi évitées, donnera à ceux qui y recourront une haute idée de sa portée. Elle supprime une dépense d'énergie des plus débilitantes et régularise considérablement les mécanismes psycho-nerveux (1). Cette régularisation peut amender une foule de troubles, d'allure incoercible, dont le type même est l'aérophagie.

7. — Activité et comportement

Sauf prescription médicale de repos absolu, la fatigue et le surmenage ne devraient jamais suggérer l'oisiveté : faire peu de chose, soit, mais faire quelque chose selon un programme prévu et ponctuel.

Il va sans dire que la restauration psychologique requiert l'observance de l'hygiène générale dont le précédent chapitre a clairement tracé les directives. Excès, dissipation, veilles, débauches de toute sorte, ne sauraient que débiliter davantage et neutraliser les bons effets des prescriptions précédentes.

Enfin, il ne faut pas négliger la question physiologique. L'origine de mainte dépression réside en un trouble fonctionnel purement organique dont l'étiologie et les caractéristiques ne sauraient être dégagées que par un inventaire médical consciencieux.

---

1. On pourra lire à ce sujet l'ouvrage de Marcel Rouet : *« Relaxation psychosomatique »* (Editions Dangles).

CHAPITRE III

L'hypoactivité

1. — Les hypoactifs

Ce sont de « petites natures », parfois harmonieusement constituées, mais dont le capital-vie est au-dessous de la moyenne. Il ne s'élabore en eux qu'une énergie réduite. S'ils s'efforcent, sans rééducation préalable, d'égaler le rendement des normaux, ou s'ils y sont contraints, ils se trouvent d'emblée déficitaires, et sthéniquement, ils sont vite ruinés. En l'état actuel de nos méthodes éducatives, les hypoactifs se voient astreints, dès l'enfance, aux mêmes disciplines que les autres. Ceci les place dans un état de fatigue chronique. On leur reproche alors les conséquences de ce régime : l'apathie, l'inertie, l'inattention, l'étourderie, les maladresses par quoi se manifeste leur épuisement. On les voit, plus tard — tout les y pousse, rien ne les avertit — se permettre les mêmes écarts que les plus forts. Leur état s'aggrave. Ils s'effondrent généralement à l'occasion d'un choc moral ou physique. Même sans choc, un jour arrive où, las de constater leur désavantage, ils tombent dans un abandon de soi qui les prédispose à des fautes graves et même aux plus lourdes chutes.

L'hypoactivité — insuffisance quantitative — coexiste souvent avec une intelligence qualitativement bien douée mais rapidement trahie, dans tout effort soutenu au-delà d'une courte durée, par la raréfaction de l'influx nerveux. Dans ces conditions, toute besogne, toute difficulté devient pénible, accablante et détermine presque immanquablement la tentation de recourir à l'alcool. Plus tard, avec l'amertume inséparable des infériorités dont on a longtemps souffert, les stupéfiants proposeront leurs euphories traîtresses.

Certains hypoactifs, réfléchis et de goûts modestes, pourvus de sinécures, n'exigeant rien de plus que leurs capacités et assez circonspects pour éluder toute charge, peuvent végéter paisiblement jusqu'à un âge avancé à condition que rien d'imprévu ne vienne ébranler leur automatisme. Une secousse organique un peu forte, une commotion morale un peu vive laisseraient en eux des traces profondes et durables.

Conjointement à l'hypoactivité primitive, essentielle, il faut ranger celle que déterminent les acquisitions morbides. Tout organisme progressivement intoxiqué devient progressivement hypoactif. D'autre part, toute maladie aiguë peut entraîner une période plus ou moins longue d'hypoactivité.

2. — Directives rééducatives

J'ai la certitude expérimentale que, jusqu'à vingt-cinq ans, l'hypoactif, loin d'être incurable, ne tarde pas à évoluer vers la normale et parvient même à la vigueur s'il se conforme sagement aux principes qui vont suivre :

a) chercher, principalement, à augmenter sa capacité respiratoire ;

b) chercher prudemment, mais activement, à augmenter sa capacité d'effort musculaire ;

c) mener une vie aussi exclusivement végétative que possible ;

d) s'alimenter principalement — non pas exclusivement — de céréales et de fruits ;

e) résider dans un climat sec et tempéré ;

f) en conformité du principe « b », limiter au strict minimum l'activité intellectuelle.

L'application la plus satisfaisante de ces indications consisterait à choisir, parmi nos régions centrales ou méridionales, une paisible résidence dans la plus profonde de toutes les campagnes. Là, conduit par les rythmes naturels, levé à l'aube, couché avec le soleil, l'hypoactif participerait, d'abord dans une petite mesure, ensuite plus assidûment aux travaux de plein air, bannissant toute tension d'esprit, respirant à pleins poumons, mangeant simplement, menant, en un mot, une existence sainement animale.

Mais il suffit de se conformer à temps aux quatre premiers principes a, b, c et d, que toute personne, quelle que soit sa condition, peut appliquer dans une large mesure, pour surmonter l'hypoactivité.

3. — Adaptation à l'enfance

La place de l'enfant hypoactif est aux champs. Contraint à grandir dans une agglomération, à fréquenter dès trois ou quatre ans l'école ou le collège, une série de mesures compensatrices pourront cependant améliorer son état. Un minimum de trois heures par jour de plein air s'impose absolument (1). L'alimentation sera surveillée conformément au principe d du paragraphe précédent. On devra inculquer à l'enfant le goût du mouvement,

---

1. Beaucoup de petits hypoactifs sont du type adénoïdien ; leurs voies respiratoires sont obstruées par des végétations à extraire en premier lieu.

des jeux actifs qui multiplieront la vie dans sa jeune musculature. Jusqu'à la puberté, la question des études sera considérée comme secondaire : la question primordiale, pour lui, c'est l'acquisition de la force vitale. Qu'il ait ses diplômes un peu plus tard, peu importe si, à ce moment, il a conquis la vigueur physique et morale sans laquelle, malgré tous les titres, on ne saurait exercer activement une profession.

Aux enfants « délicats » on s'efforce trop souvent d'imposer cette suralimentation aberrante qui engendre l'adiposité et l'arthritisme. Ils ont besoin non pas de graisse, mais de muscles, non pas d'une hypertrophie gastrique, mais d'un développement méthodique de la cage respiratoire.

Quant à la vie d'internat, funeste à la plupart, c'est un meurtre pour l'hypoactif.

Une surveillance tout particulièrement attentive sera instituée avant l'âge de la puberté, afin de prévenir les psychoses possibles sinon probables. Sur quoi portera cette surveillance ? Sur les fréquentations, les lectures, les modifications physiques et le comportement général. Une éducation intime honnêtement menée à bien par les éducateurs sauvegardera certainement mieux l'enfant que ne le feraient l'ignorance, les exhortations mystiques et les impératifs catégoriques. On s'efforcera de lui inspirer un idéal primordial de santé, de force physique et de lucidité mentale. On lui montrera qu'une sagesse parfaite, maintenue durant les quelques années qui suivent la puberté, lui assurera un triomphe définitif sur sa débilité primitive.

4. — L'adolescence

L'adolescent hypoactif, sauf exceptions fort rares, témoigne par son état qu'il n'a pas bénéficié, durant son enfance, des indications qui précèdent. Il est encore temps. J'en ai vu se « refaire » magnifiquement entre seize et vingt ans.

S'il doit gagner sa vie de suite, il choisira une profession qui satisfasse aux six principes généraux énumérés au paragraphe 2 : soit un métier manuel favorable à la fois à l'intégrité respiratoire et à l'exercice musculaire (2), soit un emploi paisible et sédentaire lui laissant assez de loisirs pour fréquenter assidûment le gymnase.

Durant les trois ou quatre années nécessaires à la rénovation, le soin de cette dernière devra passer avant tout. Devenir fort. Prendre plaisir à constater l'affermissement progressif de son organisme, telle sera sa constante pensée. La fin de l'après-midi ou la soirée consacrée à la culture physique, le dimanche aux excursions ou à un sport synthétique, tel que la natation, et les progrès seront rapidement manifestes.

Non seulement l'intéressé s'abstiendra de toute espèce d'excès, mais il devra se rappeler qu'il compromettrait son développement en usant de satisfactions normales dans la mesure ordinairement permise aux individus normaux de son âge.

Par ailleurs, les indications données au chapitre I en ce qui concerne le réglage général de la vie lui conviennent parfaitement.

L'hypoactivité primitive correspond au tempérament lymphatique. Traitée comme nous venons de l'exposer, elle évolue vers le tempérament sanguin sans l'atteindre, et aboutit ainsi à mi-chemin de deux prédominances excessives, l'une de la lymphe, l'autre du sang, c'est-à-dire à un tempérament remarquablement équilibré.

Après avoir obtenu ce résultat, l'ex-hypoactif, grâce à l'exceptionnelle maîtrise de lui-même qu'il aura acquise en se contrôlant durant de longues années, pourra aisément égaler le niveau de connaissances, de culture intellectuelle en deçà duquel la nécessité de vivre végétativement l'aura un moment maintenu.

---

2. Les usines ne conviennent pas aux hypoactifs à cause de la toxicité de l'air qu'on y respire.

5. — L'âge viril

Celui qui, passé vingt-cinq ans (3), est encore hypoactif, n'ayant pas su ou pas voulu se fortifier auparavant, ne saurait modifier très appréciablement sa constitution. Il peut durer en état de parfait bien-être interne, et ceci très longtemps, à condition de ne pas dépenser plus du revenu-énergie normalement produit par son capital-vie. Passer outre équivaudrait à entamer le capital, donc à s'acheminer à la faillite, à la misère physiologique.

Ce principe d'économie énergétique est appliqué spontanément par nombre d'hypoactifs .

« *Il y a,* nous dit le Dr Pierre JANET (4), *des sujets de ce genre qui se rendent plus ou moins compte de leur faiblesse et qui se créent habilement un milieu à leur usage. Ils savent découvrir d'humbles fonctions qui n'exigent ni grands efforts, ni initiative dangereuse. Les ministères, les grandes administrations sont souvent des retraites pour ces gens qui ont besoin d'une vie bien réglée par des supérieurs, sans à-coups et sans responsabilité. Ils ne se marient pas, ils n'ont pas de maîtresses, pas d'enfants, ils fréquentent peu de personnes et ils font une attention énorme au choix des rares individus à qui ils permettent de les approcher ; ils vivent seuls, autant que possible, afin de n'avoir pas de concession à faire. Ils ne se mêlent d'aucune affaire, ils n'attaquent personne, ils ne rivalisent avec personne. Leurs précautions, leur silence — car ils savent se taire sur leurs propres affaires —, font qu'ils sont rarement exposés aux attaques. D'ailleurs ils font semblant*

---

3. Le service militaire peut avoir une excellente influence sur l'hypoactif s'il tombe dans un régiment bien tenu où l'alimentation soit convenable, l'exercice rationnellement gradué, la discipline sans abus et le service de santé consciencieux. Si, au contraire, la nourriture est toxique, l'effort excessif, le sous-officier persécuteur et le médecin-major lunatique, on conçoit qu'une constitution débile résistera malaisément.

4. Dr Pierre Janet. « *La Médecine psychologique.* » Flammarion.

de ne pas voir, de ne pas sentir le mal. Le public les appelle des égoïstes et des lâches. Ce sont peut-être des sages. »

L'hypoactif qui adopte la ligne de conduite précédente agit louablement. Il évite de créer des besoins que sa faible capacité de rendement et son état précaire ne lui permettent ni de satisfaire convenablement, ni d'envisager pour l'avenir avec une sécurité probable.

Un travail paisible, de larges loisirs, un comportement sobre et régulier, tout le sommeil nécessaire, un *modus vivendi* simplifié, une circonspection adroitement vigilante pour l'éviction des possibilités de soucis et de tourments, peu de relations et de « fils-à-la-patte », voilà ce qui convient aux hypoactifs soucieux du seul genre de bonheur compatible avec leurs possibilités.

La question de l'utilisation des loisirs n'a pas moins d'importance que celle du travail professionnel. Une partie de ceux-ci devrait être affectée à l'exercice doux — voire au repos — en plein air ; une autre à quelque violon d'Ingres dont l'attrait, s'il est vif, embellira la vie : collections, jeux, menus travaux d'art, littérature, histoire, archéologie, etc..., ou tout bonnement soin d'un jardin d'agrément.

Les sciences d'observation, la psychologie appliquée assurent à l'homme mieux qualifié pour observer que pour agir une inépuisable série d'investigations extrêmement attrayantes, tout en élargissant chez lui cette acuité de compréhension qui constitue la « possession du monde (5) ».

6. — La culture psychique de l'hypoactif

Nous avons vu qu'une surveillance minutieuse de lui-même était indispensable à l'hypoactif résolu à conserver son équilibre.

---

5. Voir : Georges Duhamel. « *La possession du monde.* »

Comme il redoute géneralement le malaise et la douleur, il se résigne assez volontiers à la modération. Il devient réfléchi, et, une fois l'habitude prise, l'autocontrôle inflexible auquel il doit son salut ne lui est aucunement désagréable. Il se réjouit bientôt d'avoir su se l'imposer, car il comprend, en regardant autour de lui, quelles afflictions, quels déboires cet autocontrôle lui a évités. Sa vie intérieure s'enrichit et il y peut trouver des satisfactions proportionnelles à la qualité de son intelligence.

L'important est de trouver, en dehors des objets que sa condition lui interdit, un sujet attrayant auquel il puisse attacher ses méditations et ses loisirs. Quel que soit le sujet pourvu que l'attrait éprouvé soit vif et constant, je dis que l'hypoactif peut accéder et au contentement stable et à la supériorité.

« Darwin, dit Maurice DE FLEURY, *ne travaillait avec quelque vigueur qu'une heure par jour, de huit à neuf... Souffrant sans cesse, toujours las..., la fatigue le terrassait si vite qu'on lui interdisait de recevoir ses amis et de causer... Peu d'hommes furent aussi faibles, peu d'hommes auront accompli besogne aussi considérable... Ce génial névropathe avait compris d'instinct ce qu'on peut tirer de bonheur des misères. Il avait deviné que ses pareils, casaniers, débiles, pleins de manies, esclaves de leurs habitudes, peuvent changer ces défauts en vertus, faire de leur sauvagerie un recueillement salutaire, substituer à l'attention volontaire dont ils sont incapables, l'attention spontanée (6) ».*

L'horizon n'est donc pas nécessairement borné pour l'homme mal pourvu d'énergie. Chez lui le moteur est faible : qu'il manie judicieusement le gouvernail et il parcourra harmonieusement le chemin de la vie.

---

6. Dr Maurice de Fleury. *« Introduction à la Médecine de l'Esprit. »*

7. — L'hypoactivité secondaire

On sait, et je l'ai déjà noté plus haut, que le simple fait d'obstruction des voies respiratoires par des végétations adénoïdes entraîne nécessairement une hypoactivité justiciable de l'intervention chirurgicale. D'autre part, l'insuffisance fonctionnelle d'une ou plusieurs glandes à sécrétions internes : thyroïde, hypophyse, surrénales, etc., ralentit et débilite toujours. Ici, pour reprendre notre dernière comparaison, le moteur, quoique bien conditionné, tourne mal, parce que la composition chimique du carburant est défectueuse. La parole est alors au spécialiste de l'opothérapie.

Il n'est pas jusqu'à la banale inertie intestinale qui ne suffise à créer une hypoactivité très inquiétante.

En ces diverses occurrences, on conçoit tout le bien que saura réaliser une direction médicale compétente et minutieuse.

CHAPITRE IV

L'interprétation saine des adversités

1. — Retentissements excessifs d'éventualités normales

Nous voyons fréquemment, à la suite de quelques revers, la démoralisation la plus absolue anéantir des individus considérés jusque-là comme parfaitement équilibrés. La cause déterminante, variable, peut être plus ou moins affligeante : entrave à l'essor de la carrière, situation défaite, ambition irréalisée, confiance déçue, meurtrissure sentimentale, etc... Mais les causes prédisposantes à ces mélancolies désespérées n'importent pas moins. Outre la question du terrain, de la constitution psycho-nerveuse, les notions acquises, le conceptualisme personnel de l'existence joue, en face de toute adversité, un rôle considérable.

A telle éventualité accablante, l'un réagit par le suicide ; l'autre subit une altération stupéfiante et débilitante, à laquelle le temps ne remédie pas toujours ; un troisième, après une courte période de fléchissement, récupère sa vigueur morale et sa lucidité. Il en est même que chaque épreuve paraît fortifier.

2. — L'éducation ne prépare pas l'esprit à surmonter les hostilités du sort

Les multiples déceptions et insatisfactions inséparables de l'existence, les difficultés, les revers, les malheurs dont un certain nombre échoit, inévitablement, à chacun, nos éducateurs nous apprirent à les craindre, si possible à les fuir, non à les envisager comme des manifestations avec lesquelles il faut compter et auxquelles il convient d'opposer, à l'avance, la résolution bien arrêtée de maintenir, malgré leurs désastres, l'intégralité de sa synthèse mentale et le niveau de ses forces intérieures.

D'une part, on laisse s'exagérer dans l'esprit des jeunes la notion des possibilités heureuses de la vie ; d'autre part, on ne les prémunit aucunement contre ce qu'elle comporte de désagréable et de douloureux. Ils sont lancés dans le tourbillon social avec cette double illusion surestimative des félicités qu'ils imaginent et sous-estimative des amertumes réelles. A cet horizon, trop exclusivement souriant et chimérique, succède donc l'inévitable désillusion. Elle marquera peu les natures fortes, mais désorganisera un grand nombre de constitutions délicates qui, prémunies, se seraient peu à peu aguerries et fortifiées.

Quant aux grandes catastrophes : abandons, deuils, afflictions tragiques dont nul ne saurait escompter pour sa propre vie la dispense entière, le mot d'ordre, tacitement insinué, est de n'y pas songer. Encore qu'on les voie, à chaque instant, sévir autour de soi, chacun les croit improbables en ce qui le concerne. Que l'événement frappe et l'on se trouvera alors aussi dépourvu de dispositions réactionnelles que le serait un jeune enfant surpris par l'approche d'un fauve.

Tout ceci présente bien le masque d'un optimisme fort judicieux. En vérité, le seul optimisme désirable est celui qui n'aveugle pas et qui inclut la confiance de chacun en sa capacité de résister, de durer, de rester intégral quoi qu'il arrive.

Cette éducation sans virilité produit les caractères sans

stabilité ni présence d'esprit, ceux que la première difficulté pénible ou que le premier échec sérieux annihile, ceux qu'un caprice inassouvi effondre, et, chose plus grave, ceux auxquels une contrariété passionnelle arrache un réflexe meurtrier.

3. — Les faits

L'expérience le montre, indubitablement, pour toute personne, — même parmi les plus favorisées — la vie comporte un déficit considérable sur la somme de satisfactions dont elle suggère la convoitise. Extérieurement à vous, l'élément matériel, l'élément circonstanciel, et l'élément humain promettent infiniment plus qu'ils ne sont capables de tenir. La propriété d'un objet — insignifiant ou important — apporte appréciablement moins de contentement que son possesseur n'en escomptait en le désirant. L'accès à telle ou telle condition, à tel ou tel mode d'existence ne tarde pas à décevoir car, ainsi que je le notais plus haut, nous avons une tendance, aggravée par l'éducation, à surestimer ses avantages et à sous-estimer ses inconvénients. La sympathie, l'affection, l'amour, fussent-ils du meilleur aloi sont appréciables, mais entre l'enchantement qu'ils évoquent dans l'imagination et ce qu'ils dispensent en réalité, il y a un monde.

Il y aura donc nécessairement, même parmi ceux qui aboutiront matériellement, un certain nombre de nos désirs, ambitions ou aspirations qui resteront très incomplètement satisfaits.

D'autres ne le seront pas du tout. Ainsi, la plus véhémente disposition sentimentale n'éveille pas toujours une réciprocité correspondante et, si cette dernière est dévolue, le temps peut l'altérer — ou la rendre fastidieuse.

Le caractère de précarité commun à toutes les choses d'ici-bas devrait être envisagé et *accepté.* Notre intégrité physique subsiste au sein d'un perpétuel et multiple danger. Notre position, nos ressources matérielles, dépendent de facteurs hostiles. Les êtres qui nous sont chers peuvent durer moins que nous, comme d'ailleurs les causes qui déterminent notre attachement pour eux.

Quant aux à-coups inévitables dans l'universelle compétition : échecs ou défaites, injustices ou abus, contestations ou attaques, inimitiés ou rivalités, il faut bien compter avec eux. C'est même la plus élémentaire condition pour en éviter le plus possible, pour pallier à d'autres et pour passer le reste à « pertes et profits ».

4. — La principale cause du désespoir

Si l'adversité crée le tourment, *c'est la manière dont on l'interprète qui crée le désespoir.* Attendre de la vie ce qu'elle ne donne pas, se croire immunisé contre telle ou telle des rigueurs qu'elle peut comporter, concevoir comme une certitude l'obtention ou la durée d'un élément de « bonheur », s'imaginer que telle ou telle éventualité serait nécessairement anéantissante, c'est s'illusionner dangereusement, anémier ses facultés réactionnelles ou renoncer d'avance à leur secours.

A l'origine de tout découragement, de toute désespérance, on trouve une conception erronée à travers laquelle l'événement causal est interprété. On attribuait d'emblée aux êtres et aux choses des qualifications qu'ils n'ont pas. On n'avait pas songé que ce qui se produit pouvait arriver. On se croyait certain d'obtenir ce qui a été refusé. On imaginait que le fait d'être affligé de tel malheur ou que celui de se voir privé de tel contentement impliquait inévitablement une désolation passive et absolue.

5. — L'antidote

Une représentation lucide des réalités, d'une part, et, d'autre part, des forces intérieures que nous pouvons leur opposer, tel est l'essentiel antidote. Son usage préservera de se croire élu de droit à de rarissimes ou impossibles félicités, de prendre les rêves de son imagination pour de véridiques prophéties, de se persuader, parce qu'on redoute plus particulièrement une certaine chose qu'elle n'arrivera pas, ni d'ailleurs qu'elle arrivera.

De même, il incitera à fortifier sa capacité de résistance physique et morale aux divers effets des possibles adversités, à développer sa puissance de réalisation afin de s'assurer, en compensation des tourments de la vie, autant qu'on le pourra de ses bienfaits, à cultiver ses aptitudes à l'appréciation des possibles contentements d'ici-bas.

Résolue à tirer de tout ce qui peut y contribuer un maximum de satisfactions et à réduire au minimum ce que les revers tendent à lui infliger, toute personne, même émotive et sensible, s'immunisera dans une large mesure contre la peine et s'ouvrira le plus largement possible aux joies de l'existence.

Au triple point de vue matériel, sentimental et intellectuel, de grandes joies sont, en effet, possibles. Rendons-nous aptes à en ressentir un très grand nombre et quand l'une se refuse ou s'évanouit, il nous en restera certainement assez d'autres pour assurer notre sérénité. De grandes adversités sont également possibles. Plusieurs sont certaines. Mais en face de n'importe laquelle soyons décidés à nous organiser, à lutter... et à philosopher.

Un effort s'impose, pour cela, un effort âpre parfois, et sans attrait apparent — bien au contraire — mais toujours inséparable d'un sentiment de vie psychique profonde, d'une affirmation intense de la personnalité et — si étrange que cela paraisse — on trouvera que ce sentiment et cette affirmation rejoignent, par les sommets, le bonheur.

D'ailleurs, l'irréparable, l'immodifiable, l'inévitable semblent sévir d'autant moins volontiers qu'on s'est mieux disposé à les accueillir avec fermeté.

6. — L'optimisme lucide

Prémunis contre tous les antagonismes, prenons plaisir à évertuer nos facultés en vue de leur faire échec. Un certain nombre peuvent être évités par une judicieuse circonspection ; aux autres, c'est moralement que nous ferons échec en refusant de nous laisser entamer. La vigilance qui permet d'éviter tant d'écueils, de détourner tant de menaces, maintient l'esprit aiguisé et prêt à s'organiser d'emblée quand un choc se produit.

Pour se cuirasser contre les déconvenues, il suffit de s'appliquer à concevoir, pour toute réalisation, les deux aboutissements inverses. Ainsi :

— entreprendre, c'est s'efforcer de réussir et, en cas d'échec, utiliser l'expérience acquise pour entreprendre à nouveau ;
— s'éprendre, c'est courir le risque, si l'on n'est pas aimé, d'être obligé de réagir et de se déprendre ;
— s'unir, c'est satisfaire une tendance normale ; c'est aussi se rendre possibles des obligations et des contrariétés, parfois accablantes, mais dont il faut être résolu de ne jamais s'obséder.

Toutes les tentatives n'aboutissent pas ; raison de plus pour redoubler de discernement, d'activité et de ténacité ; raison de plus pour se tenir prêt à renouveler, à multiplier les tentatives ; raison de plus pour ne pas se frapper de l'insuccès et pour se réjouir doublement du succès.

7. — La souplesse défensive méthodique

Ainsi, loin de conduire au pessimisme systématique et inerte, la représentation lucide des réalités stimule sans déprimer, dès qu'on s'est fortement déterminé à tirer de l'effort lui-même un essentiel contentement et à prendre comme objectif primordial le développement, par un entraînement continuel, journalier, dont la vie nous fournit l'incessante occasion, de ses aptitudes réalisatrices et défensives.

Dans n'importe quelle circonstance, si affligeante soit-elle, une ou plusieurs mesures à prendre immédiatement, un ou plusieurs devoirs à accomplir de suite réclameront sûrement votre activité : concentrez toute votre vie mentale sur leur exécution. Ceci fortifiera instantanément vos résistances.

Quoi qu'il arrive, ne gaspillez pas votre énergie à vous lamenter ; quand une menace se précise à l'horizon, ne vous abandonnez pas à l'appréhension. Isolez-vous. Regardez la situation en face et n'ayez d'attention que pour cette seule idée : « *Que puis-je faire pour me tirer de là ?* »

Chaque épreuve, chaque difficulté intelligemment, énergiquement combattue ou supportée, laisse un double bénéfice : expérience enrichie, vigueur intellectuelle et morale accrue — donc vulnérabilité diminuée pour le futur.

Dans la réaction méthodique — contre les épreuves ou leurs effets démoralisants — l'appui foncier, indispensable, c'est l'intégrité physique : la santé. L'intoxiqué, dit-on, voit la vie au travers de ses toxines et, à un certain degré, l'intoxication détermine à elle seule des « idées noires ». Plus graves sont les circonstances, plus accablantes sont les afflictions, plus strictement il faut combattre l'imprégnation toxique. Tout ce qui a été indiqué au second chapitre convient alors spécialement.

Même quand tout va bien, l'homme avisé veillera à ne pas se laisser débiliter. La vie est bien une lutte. Comme à la guerre, chacun ignore l'heure du prochain assaut. Soyons prêts !

Loin de faire naître une perpétuelle appréhension, la vigilance lucide et résolue stabilise, d'ailleurs, la sérénité et la maintient même au cours des pires tourmentes.

CHAPITRE V

Les sensitifs

1. — Psychologie des sensitifs

Ce sont généralement des êtres doux, bienveillants, dociles, sans ambition ferme, contemplatifs et amis de la vie intérieure. Leur sensibilité, trop aiguë, les affecte sans relâche et les absorbe au point de nuire considérablement à leur activité et au développement homogène de leur intelligence (1). Tout les impressionne exagérément. Ils sentimentalisent à tous propos et à propos de puérilités. D'insignifiantes préoccupations suffisent à déterminer chez eux une anxiété vive et incoercible, parfois même une angoisse profonde. Sont-ils un peu fortement impressionnés ? Alors c'est la dyspnée, la tachycardie et même la syncope.

Craintifs, traqueurs, phobiques, merveilleusement réceptifs aux suggestions mystiques, ils versent facilement dans le scrupule.

Très imaginatifs, ils se figurent volontiers l'avenir sous toutes formes flattant leurs aspirations, mais, peu réalisateurs et dépour-

---

1. Il y a des sensitifs parmi les gens cultivés et les hommes de talent, mais, chez ceux-là, si certaines modalités intellectuelles ont acquis un hyperdéveloppement, d'autres sont restées extrêmement débiles.

vus de hardiesse, ils enregistrent dans tous les domaines déceptions sur déceptions. L'une de celles-ci suffit souvent à faire naître chez eux un chagrin profond et tenace qui achève d'anéantir leurs moyens. Ils deviennent alors de lamentables épaves.

A cause de leur suggestibilité, ils subissent l'imprégnation des types qu'ils admirent au point d'aspirer à les imiter, d'essayer de les égaler. De grosses déconvenues attendent, ici, le sensitif dépourvu des qualifications qu'il lui faudrait pour égaler son modèle.

Si une personnalité prend de l'ascendant sur eux, ils se montrent d'une docilité fanatique et offrent à l'emprise une passivité aussi complète que celle d'un hypnotisé. Il y a bien chez eux quelque chose de la constitution pithiathique classique, comme d'ailleurs de la constitution émotive ou anxieuse.

Dans leurs propos, l'imagination déborde volontiers la réalité et la juste mesure. D'où l'analogie de la sensitivité avec ce que la nosologie des psychiâtres nomme « mythomanie ». Enfin, ils sont sujets à des manifestations brusques et spasmodiques évoquant l'hystérie. J'ai, d'autre part, observé que, parmi les gens affectés de somnambulisme spontané, il y a 67 % de sensitifs.

2. — Comment ils peuvent se modifier

La plupart des sensitifs possèdent assez de jugement pour se rendre compte qu'ils auraient intérêt à se modifier. D'autre part, nous avons vu qu'ils subissent l'imprégnation des types qu'ils admirent au point d'aspirer à les égaler. Dès qu'un sensitif se fait un idéal de l'imperturbabilité, de l'empire sur soi-même, de la pensée et de l'activité réfléchies, de la fermeté, du calme ; dès qu'il se plaît à l'idée de devenir énergique, impassible et hardi, sa cure est commencée.

Cette impressionnabilité dont les réactions intempestives l'ont tant meurtri, notre disciple l'opposera à elle-même en l'actionnant par l'image anticipée et le désir de la force de caractère la plus invulnérable.

Pour cela il songera fréquemment :

1°) Aux inconvénients multiples, désagréables et dangereux de son excès de sensibilité ;

2°) Aux avantages considérables et nombreux qu'il s'assurerait en réagissant, en acquérant toutes les caractéristiques d'une personnalité lucide, active, équilibrée et volontaire.

Il observera les comportements des individus ainsi qualifiés, recherchera leur compagnie, leur exemple et, si possible, leur direction. Ceci contribuera à entretenir chez lui l'enthousiasme, moteur de l'effort.

Il s'écartera des faibles et des timorés ou, s'il se trouve contraint à en fréquenter, il les considérera comme l'image de ce qu'il faut éviter à tout prix.

3. — Rééducation sensorielle

En cherchant à se dominer, le sensitif a souvent l'occasion de constater qu'il s'émeut là où sa pensée délibérée conçoit clairement qu'il devrait rester calme. Il essaie de demeurer impassible et subit, malgré lui, un trouble psycho-émotif pénible. Il s'efforce de « se raisonner », admet qu'il n'y a pas lieu de se tourmenter ou que cela est inutile, mais l'obsession, l'inquiétude, paraissent s'imposer irrésistiblement à son esprit. Alors il perd confiance en l'efficacité de ses efforts, se figure qu'il n'arrivera jamais à surmonter son naturel et abandonne la lutte.

Cependant, cette insurmontabilité n'est qu'apparente. Il suffit de persister pendant quelques mois pour le constater. Mais la lutte engagée doit se poursuivre sans répit et s'étendre à toutes les spontanéités.

Ainsi convient-il, en premier lieu, de contrôler toutes les perceptions sensorielles. Tout objet déplaisant, toute scène ou spectacle pénible qui tombent sous le regard, fournissent l'occasion d'une tentative régularisatrice. On regardera, en essayant de définir ce que l'on voit, sans manifester aucun signe d'émotion. Ceci répété cent fois, non seulement on aura acquis l'imperturbabilité extérieure mais aussi le calme intérieur.

Les bruits soudains, les sonorités désagréables, traités de la même manière, deviendront bientôt indifférents. De véritables exercices peuvent être institués à titre d'entraînement afin de devenir insensible à l'effet irritant, énervant des cris aigus, des heurts de surfaces métalliques, etc...

Pour les odeurs repoussantes, les contacts révulsants, les saveurs nauséeuses, on procédera d'une manière analogue.

Une fois à peu près maître de toutes les impressions sensorielles contrariantes, on poursuivra la conquête de l'impassibilité en tâchant de résister aux influences inverses. On s'exercera à considérer froidement les éléments esthétiques des visages et des objets, à écouter, sans se laisser affecter, les voix les plus agréables, les auditions orchestrales les plus émouvantes. On se dira : « *Je puis en apprécier intégralement le charme, mais je puis, le cas échéant, m'en dégager complètement.* » En fait, loin de diminuer l'acuité des sens, la mise en pratique de ce qui précède les affinera considérablement et les placera sous la dépendance de la volonté.

4. — Rééducation émotionnelle

C'est principalement l'habitude de raisonner ce que l'on éprouve qui instaure peu à peu la prééminence de la pensée réfléchie sur l'émotion. Aussi le stade de rééducation sensorielle prépare-t-il très bien à celui-ci.

En mainte circonstance plus ou moins troublante, il suffira au sensitif, déjà appréciablement maître de ses sens, de faire appel à

son jugement et d'analyser la cause du trouble qu'il ressent pour recouvrer sa sérénité en constatant la disproportion de la cause et de l'effet. Une foule d'appréhensions et d'inquiétudes — familières au sensitif — s'éliminent dès qu'il comprend que celles-ci se réduisent à de simples conjectures enfantées par sa pusillanimité. Qu'il se dise alors : « *Il y a peu (ou pas) de raison d'admettre que ce que je redoute soit arrivé (ou arrive).* »... « *Je refuse absolument de me laisser imposer par ma seule imagination une perturbation que seul le fait positif — très improbable — impliquerait... et encore !* »
En présence d'une réalité, c'est encore à son jugement que le sensitif aura recours, ainsi qu'à la détermination de limiter à l'inévitable l'effet sur lui de l'événement considéré. Réprimant — afin de ne pas gaspiller son énergie — toute manifestation extérieure de son trouble, il s'efforcera de songer uniquement aux conséquences matérielles du fait survenu et de neutraliser ses effets moraux. Il trouvera, d'ailleurs, un certain contentement immédiat en tâchant de se comporter exactement comme le ferait à sa place un individu fortement organisé, lucide et maître de lui.

L'application de ces principes ne va pas toute seule, au début. Malgré sa bonne volonté, le sensitif sent bien qu'il n'est pas ce qu'il voudrait être. Sa faiblesse l'afflige, si lointaine de la parfaite stabilité qu'il recherche — et qu'il obtiendra infailliblement s'il persiste. C'est une étape à franchir, dont chaque effort représente un pas et rapproche du but.

5. — Transfert intellectuel

Si la vie intellectuelle du sensitif s'active et s'étend, cela contribue à régulariser son émotivité. Sa sensibilité se cérébralise, si l'on peut dire, et ajoute à l'intelligence ce qu'elle refuse à l'extériorité. Aussi les études métaphysiques, philosophiques, psychologiques, littéraires, historiques conviennent-elles, ici, tout particulièrement. Elles rendent le sensitif plus réfléchi, plus apte à s'abstraire, plus précis dans l'examen critique des phénomènes objectifs et des représentations mentales.

Tout ce qui accroît le nombre et l'étendue des idées générales tend à équilibrer le psychisme individuel en multipliant les comparaisons, bases du discernement.

6. — Développement de l'envergure sentimentale

On peut dire que le sentimentalisme et le sentiment sont deux inverses : l'un dilue et inhibe ; l'autre condense et stimule. Aussi l'un exclut-il l'autre, presque toujours. Les virilités du sentiment s'accommodent mal des enfantillages du sentimentalisme.

Pour réagir contre les excès de ce dernier, rien de meilleur, par conséquent, que la culture des sentiments de grande envergure. Le sensitif qui redoute les circonstances pénibles, que la vue d'un malade ou d'un blessé révulse, à qui le spectacle des misères humaines est insupportable et que l'idée de perdre l'un des siens terrifie, veut-il modifier toutes ces faiblesses ? Qu'il développe en lui le sentiment de protection. Porter assistance aux éprouvés, secourir au physique et assister au moral ceux de ses semblables frappés autour de soi, c'est satisfaire utilement sa sensibilité, sans se laisser gagner par la dépression. Le souci de réconforter les autres, en cas de malheur commun, détourne de s'abandonner au désespoir.

Plus généralement, un vif sentiment de préférence pour les manifestations de l'énergie et de l'activité tend à éliminer celles de la débilité.

7. — Agir

Nous avons vu que le sensitif est peu réalisateur. L'une des conditions essentielles de sa rééducation est donc l'activité, la détermination d'agir et de produire. Il ne s'agit pas d'imposer ni de s'imposer un effort excessif, mais une application attentive et régulière dans l'application des programmes et des besognes qu'on s'est assignés. Dans son intérêt, le sensitif devrait viser, pour la moindre des choses comme pour la plus importante, à l'impeccabilité, à la perfection. Tout travail exécuté méthodiquement, méticuleusement contribue à la maîtrise de soi ainsi qu'au développement des facultés réalisatrices et combatives. Le fait même d'agir discipline d'emblée la sensibilité, élude les rêveries dissolvantes et accoutume l'esprit à se dérober aux émotions futiles en se concentrant volontairement sur un ordre d'idées déterminé.

Le travail manuel, surtout s'il nécessite de l'attention et de l'adresse, constitue un excellent exercice synthétique. Même s'il exige quelques efforts musculaires rudes, on doit le recommander aux sensitifs qui redoutent de « peiner » : ils y trouveront l'occasion d'éliminer cette faiblesse et y découvriront sans doute les fortes joies connues de ceux qui se mesurent avec des résistances matérielles.

CHAPITRE VI

Irrésolution et dépression

1. — Les inertes

L'inerte, bien constitué, parfois robuste, dit que rien ne l'intéresse et qu'il s'ennuie. Il éprouve bien, de temps à autre, quelques velléités de se mettre à l'œuvre, mais, à ces petits élans fugitifs, une lassitude anéantissante succède invariablement au bout de quelques jours, sinon de quelques heures.

Quand il est bien avéré qu'aucune cause physiologique d'adynamie (1) ne rend compte de cette inertie, il s'agit d'un amorphisme dû en partie à l'absence d'aptitudes précises, et, d'autre part, à une répugnance dont l'éducation rend presque toujours compte. Avec les meilleures intentions du monde, n'inculque-t-on pas communément aux jeunes, le goût d'obtenir le maximum pour une production minima. Ne leur désigne-t-on pas, comme

1. Hypoactivité constitutionnelle, auto-intoxications, troubles trophiques, etc...

autant d'écueils à éviter, toutes les positions qui nécessitent une activité soutenue, des initiatives hardies, des responsabilités astreignantes ? On leur suggère une préférence pusillanime pour les professions qui donnent le moins de *mal,* et qui assurent la sécurité sans exiger la circonspection. En un mot, on leur ensemence l'inconscient avec des idées inhibitrices.

Dans certains cas, l'inerte a conçu un dépit excessif qui a engendré son état, soit après quelque échec, soit parce qu'il s'est découvert une déficience contre laquelle sa bonne volonté primitive s'est heurtée.

2. — Les oscillants

La crise de dépression se déclare, chez les oscillants, entre quarante et cinquante ans. Le médecin qui inventorie leurs fonctions organiques n'y découvre pas la clef de leur état psychique. Leur vie morale passée et présente ne comporte aucun relief. Leur conduite est normale, leur position sociale satisfaisante, parfois enviable. En un mot, on ne trouve rien.

Eh bien ! la lassitude d'abord, la lypémanie ensuite viennent à ces pauvres gens du fait même d'une existence plate. Ils ont vécu sans orientation précise, sans directives personnelles, sans porter un intérêt stable à quoi que ce soit. Ils ont réagi plutôt qu'agi. Ils ont laissé passivement déterminer leurs pensées et leurs actes par la trame des menues circonstances et par les incitations reçues de leurs semblables. Ils ont oscillé sans gouvernail délibéré et cela explique tout, car la condition la plus essentielle à la vitalité du psychisme est d'avoir, dans l'existence, un ou plusieurs objectifs bien définis qui assurent la convergence des fonctions émotivo-cérébrales, qui suscitent l'activité synthétique de l'intelligence et de la sensibilité. Faute de tout cela, la personnalité entre en voie d'affaiblissement et de dissociation.

3. — Les dissipés

Généralement, l'homme violemment avide de plaisir se trouve poussé, pour faire face à ses besoins d'argent, à œuvrer énergiquement à ses heures. Tôt ou tard, il prendra place parmi les surmenés et, comme tel, son cas ressort du chapitre II.

Le dissipé, au contraire, est souvent un inerte, et s'il gaspille son temps à faire des futilités plus ou moins attrayantes, c'est pour perdre conscience de la monotonie des heures. Il se crée, ainsi, des habitudes d'inaction, de laisser-aller et des besoins factices presque toujours débilitants. En définitive, il s'aveulit davantage sans échapper bien longtemps à son malaise moral.

4. — Le principe du mal

Pour ces trois catégories d'irrésolus, le principe du mal réside tout d'abord dans l'imprécision des images mentales et dans l'insuffisance corrélative du sens causal.

Tout objet dont la représentation intellectuelle est précise détermine, soit l'attrait, soit la répulsion. C'est d'ailleurs pourquoi on finit toujours par s'intéresser appréciablement à une besogne, si ingrate soit-elle, dès qu'on parvient à l'exécuter couramment et minutieusement, à analyser toutes ses particularités. L'incapacité de concevoir un objectif, de se forger une série de résolutions, l'indifférence, l'insouciance quant à l'avenir, quant à l'orientation à adopter pour conduire sa vie proviennent du manque de relief des représentations intellectuelles. L'opportunité de l'action, la nécessité de l'effort, le caractère profitable ou pernicieux de tel ou tel agissement, comment l'irrésolu s'en rendrait-il compte puisque sa pensée, incohérente et floue, ne réfléchit rien avec netteté.

En second lieu, le fait de concevoir l'effort comme uniquement et nécessairement pénible anéantit la source même des sentiments qui incitent au labeur. L'enfant auquel on inspire la crainte de la fatigue musculaire tend au sédentarisme. Pour lui, l'idée d'un exercice ou d'un travail physique s'accompagne de répugnance. De même, s'il imagine l'activité en général comme une obligation fâcheuse et dépourvue d'attrait, il s'autosuggère inconsciemment une disposition à s'y dérober. Les années aggravent cette disposition et la lassitude chronique s'installe. Dans les cas moyens, le sujet restreint au strict indispensable sa vie intellectuelle. Il se refuse à prévoir, à s'organiser au-delà du présent. Il redoute, il évite tout ce qui menace sa torpeur et l'automatique monotonie dans laquelle il végète ne laisse bientôt place qu'à l'ennui, premier stade des dissociations psychologiques.

5. — Le remède

L'homme normal agit volontiers et prend goût à l'action parce que, dans cette affirmation de sa personnalité, il se sent vivre avec une intensité maxima, antithétique de l'immobilisation finale. Le but, l'objet de l'activité, restent, quoi qu'il paraisse, secondaires : le motif initial, c'est la tendance à l'action et l'horreur de l'inaction. Tout individu bien constitué, fût-il richissime, ressent le besoin d'agir comme la faim et la soif et ce besoin manifeste, aussi bien que les deux autres, l'instinct de la conservation.

Malgré tout, cet instinct persiste suffisamment chez la plupart des irrésolus pour qu'on en puisse tirer toute l'énergie réactionnelle nécessaire à leur rééducation. L'impression d'enlisement inséparable d'une atonie chaque jour plus proche de l'anéantissement, implique un désir latent d'échapper à celui-ci.

Pour y parvenir on devra :

a) Eveiller et exercer l'attention volontaire afin de vivifier l'acuité de la conscience psychologique et la précision des images mentales ;

b) Se rendre compte, en le vérifiant personnellement, du caractère agréable de l'effort mesuré.

6. — Entraînement de l'attention volontaire

Sans même recourir à des exercices spéciaux, on ranime sa vie intellectuelle dès qu'on se donne la peine de regarder attentivement et d'évaluer ce que l'on voit. Les objets les plus vulgaires prennent de l'attrait si on les inventorie avec soin. Après quelques essais, le goût de définir et d'analyser se développe et, au fur et à mesure qu'on s'évertue à le satisfaire, on acquiert la propriété et l'habitude de former des images mentales précises.

Ce dernier résultat en détermine deux autres : les aptitudes, autrefois larvaires, s'affirment et les sentiments d'intérêt, moteurs immédiats de l'action, primitivement faibles, prennent de la force.

L'éducation de l'attention devrait être le primordial souci de ceux qui, à un titre quelconque, coopèrent à former la jeunesse. La rectitude et l'étendue du jugement, des associations de pensées, de la mémoire, de la constance, de la volonté, la capacité qualitative et quantitative de travail, la sagesse dans le gouvernement de soi-même dépendent étroitement d'une puissance d'attention méthodique, précise et soutenue. Faute de celle-ci, tout l'édifice psychique se trouve compromis.

L'inerte, l'oscillant, le dissipé sont ainsi parce qu'ils pensent incomplètement et s'ils pensent incomplètement, c'est que chez eux l'attention est déficiente. Ceux qui comprendront cela et qui réagiront dans le sens que j'indique rejoindront la normale par la voie la plus sûre et la plus rapide.

A titre d'indication élémentaire, je crois devoir reproduire ici, pour faciliter les premiers essais d'évaluation des objets, la liste des rapports sous lesquels tout objet peut être considéré :

— forme, relief, poids, proportion, couleur,
— sonorité,
— mots expressifs de l'objet considéré,
— action, mouvement, trajet,
— retentissement sur la sensibilité de l'observateur,
— causes, origines, antériorités,
— effets, finalité, suite,
— comparaison á un superlatif,
— parties composantes,
— parties complémentaires,
— propriétés caractéristiques,
— analogie et identités,
— différences et contraires,
— situation et évolution dans l'espace,
— situation et évolution dans le temps;
— situation dans un tout, une espèce, une catégorie, une question.

A l'aide de cette liste de rapports, on observera chaque objet en tâchant de préciser son aspect extérieur, son poids, sa densité, les substances dont il est constitué, la provenance respective de ces substances, la transformation subie par les matières premières et les procédés de transformation, les phases du montage, les usages et propriétés normales de l'objet, à quoi il pourrait suppléer, à l'usage de quels autres objets il succède ou prépare, quelles connaissances, quelles possibilités il permet, par quoi on peut le remplacer, sa durée, son usure, la destination dernière de chacune de ses parties, les impressions qu'il tend à faire naître, etc, etc...

Certaines besognes inséparables d'un effort d'attention réfléchie concourraient avantageusement à la rééducation des irrésolus, par exemple le dessin. Si malhabile, si médiocre qu'on soit dans le tracé, le fait de dessiner oblige à regarder avec minutie, à définir exactement, à penser ce que l'on voit. C'est un excellent exercice, sauf, bien entendu, pour les virtuoses du crayon chez lesquels son exécution est devenue automatique.

7. — Conception normale de l'effort

Selon une théorie de SCHOPENHAUER, l'être humain oscille de la douleur à l'ennui.

Il dispose cependant d'un moyen efficace pour échapper à ce fatal dilemme. Ce moyen, c'est l'effort judicieusement orienté, méthodique et mesuré qui dispense un immédiat réconfort psychique en intensifiant la vie intérieure et permet à la fois d'éviter d'inutiles souffrances, d'obtenir les plus appréciables satisfactions matérielles et d'échapper à l'ennui. Toute personne amie d'elle-même et capable d'apprécier clairement les réalités, doit se rendre compte que plus grande sera sa capacité d'effort, plus puissante sera sa personnalité dans la lutte pour la restriction des éléments désagréables de la vie, et pour l'obtention des éléments désirables.

Le fait de s'interdire la satisfaction de tout genre d'impulsions pernicieuses nécessite un effort qui, répété, établit l'empire sur soi-même et la possession de l'empire sur soi-même permet d'éliminer la plupart des causes qui engendrent la douleur sous toutes ses formes. Elle permet aussi de résister avec le maximum possible de sérénité aux douleurs inévitables.

Le fait d'aborder, de face, résolument chaque difficulté petite ou grande, et de peiner pour la surmonter, exerce les facultés en jeu dans cette lutte, les affermit peu à peu, crée le besoin, l'habitude de la lutte et du travail, habitude dont la satisfaction devient ensuite aussi attrayante que profitable.

C'est donc avec joie que l'enfant bien orienté et que l'homme avisé évertueront leurs facultés, conscients de se forger ainsi, par leurs efforts réitérés, des armes souples et fortes pour se défendre, des outils robustes et bien conditionnés pour réaliser leurs conceptions.

CHAPITRE VII

Les influençables

1. — L'inconsistance psychique

C'est un état pénible en soi et périlleux, car son caractère de passivité laisse s'atrophier toutes les résistances psychologiques. Tout être exagérément suggestible court le risque des pires subordinations, car il ne sait pas persister dans ses résolutions personnelles malgré l'opposition, voire l'ironie d'autrui.

Nous rencontrons fréquemment de ces individualités influençables à l'extrême par l'attitude, les paroles, les convictions des autres. Dès qu'on leur affirme quelque chose, cela les impressionne fortement. L'évidence a parfois moins de prise sur leur jugement que l'affirmation audacieuse et catégorique. Même s'ils ne se sentent pas persuadés, ils se laissent déconcerter, n'osent pas soutenir leur point de vue et finissent souvent par acquiescer. En fait, ils se voient couramment imposer ce qui leur déplaît ou interdire ce qui leur conviendrait, parce qu'ils ne peuvent se résoudre à dire « non ». Il s'ensuit que, perdant toute indépendance, ils sont facilement entraînés à se conduire contrairement à leur idéal, à leurs principes, à leur intérêt, à leurs goûts.

Ils se soucient exagérément de l'opinion, redoutent la critique — même mal fondée. L'approbation leur importe au point qu'ils se montrent capables, non seulement de s'imposer des actes de renoncement pénibles, mais aussi de mal faire pour éviter de contrarier, de sembler inférieurs, de donner lieu à des propos désobligeants.

Loin de leur attirer les bonnes grâces, l'estime et le respect d'autrui, cette ductilité les fait considérer comme nuls, insignifiants et même répulsifs. Chacun en prend à son aise avec eux. Ils ne sont ni aimés, ni craints. On les tourmente et on les exploite. Comment ne se démoraliseraient-ils pas tôt ou tard ?

2. — Notion de la dualité mentale

Malgré cela, beaucoup d'influençables sont intelligents — plus subtils, certainement, que ces insensibles qui prennent plaisir à

Contrister, serviles bourreaux,
Le faible qu'à tort on méprise...

et la plupart peuvent se libérer par quelques efforts rationnels de volonté.

Pour cela, il faut d'abord se rendre compte de ce qu'on appelle la « dualité mentale », c'est-à-dire la présence en chacun de nous de deux personnalités psychiques distinctes.

L'une — nommons-la *personnalité objective* — est en activité quand nous faisons acte de discernement, d'analyse, d'attention volontaire et de volonté délibérée.

L'autre, — la *personnalité subjective* — doit être considérée comme le siège de la sensibilité, de l'imagination et de l'impulsivité.

Normalement, le « moi-objectif » doit utiliser et diriger le « moi-subjectif ». L'empire sur soi-même consiste précisément à gouverner le moi-subjectif conformément aux décisions du moi-objectif.

Chez l'influençable, c'est le contraire qui a lieu : la personnalité subjective n'obéit pas à l'autre ; elle subit passivement les influences venues du dehors. La condition psychique de l'influençable approche donc de celle du sujet hypnotisé momentanément, privé de tout contrôle sur lui-même et dont la sensibilité, l'imagination et l'automatisme n'obéissent plus qu'à la volonté de l'hypnotiseur qui les gouverne alors à son gré (1). Réellement, l'influençable pense, sent et agit sous la domination d'autrui. Mais, tandis que le sujet hypnotisé ne se rend pas compte de son état, l'influençable en a la claire notion. Il se promet de résister, il essaie, et malgré cela il subit plus ou moins l'ascendant de ceux qui l'entourent.

Ayant compris le mécanisme de la subordination, de l'inhibition qui caractérisent sa condition mentale, l'intéressé a déjà accompli un pas décisif vers la libération. La voie est toute tracée : développer, par l'exercice convenable, la fermeté du moi-objectif, son emprise sur le moi-subjectif, de manière à soustraire ce dernier au despotisme des suggestions extérieures.

L'amertume, le dépit qu'il ressent de son inconsistance, notre lecteur les canalisera en une décision d'acquérir, coûte que coûte, une volonté ferme et déterminée, une indépendance intellectuelle rigoureuse. S'il a vraiment le feu sacré de l'indépendance, nous pouvons lui affirmer que, si débile soit-il, ses progrès seront rapides.

3. — L'entraînement de la fermeté

Parmi vos actes journaliers, il y en a un grand nombre qui ne dépendent que de vous. En commençant par subordonner tous ceux-là au contrôle rigoureux de votre jugement et de votre volonté réfléchie, vous affermirez ces deux dernières facultés,

1. Voir, du même auteur : « *Méthode pratique de magnétisme, hypnotisme, suggestion* » (Editions Dangles).

vous leur donnerez de l'emprise sur votre personnalité subjective. Celle-ci, de plus en plus docile à votre autorité, deviendra alors de moins en moins sensible aux autres influences. Il s'agit donc de vous surveiller pour réprimer toute impulsion pernicieuse : expansivité, sensualisme, excès, dissipation, etc., pour vous imposer les comportements que votre jugement vous désigne comme raisonnables. Conformez-vous, notamment, aux indications données dans les chapitres I et II. Ceci développera à la fois votre circonspection, votre auto-contrôle et votre énergie, car ces indications montrent comment se ménager une disponibilité considérable de force nerveuse. Chaque impulsion contenue, chaque désir réprimé, chaque émotion surmontée affermira d'un degré votre personnalité objective tout en assouplissant votre personnalité subjective.

Quelques jours suffisent pour constater un commencement très appréciable de résultats. On se sent déjà moins vulnérable, moins aisément affecté. Mais il est indispensable de persister jusqu'à ce que la maîtrise de soi devienne habituelle, continue et parfaite.

Pendant ce premier stade d'entraînement, mieux vaut raréfier et même supprimer toute fréquentation sans utilité indiscutable, rechercher l'isolement, afin de conserver un état d'âme paisible, recueilli et personnel. Un peu plus tard, quand les progrès seront manifestes, après avoir appris à se résister à soi-même, on s'exercera à résister à autrui.

4. — Rôle de la respiration

Toutes les manifestations excessives de la sensibilité se régularisent sous l'effet de la respiration profonde. A chacun de pratiquer la gymnastique respiratoire selon ses dispositions constitutionnelles. Au début, se contenter de passer une demi-heure par jour étendu bien horizontalement, dévêtu ou du moins largement désanglé. Cette position, ainsi que je l'ai déjà indiqué, entraîne nécessairement une extension des mouvements abducteurs d'air. Ensuite, au cours de l'exercice précédent, s'efforcer, à plusieurs reprises, de dilater doucement, progressivement, l'abdomen jusqu'à ce qu'il soit bien tendu. Ceci prévient et surmonte peu à peu cette constriction dont souffrent tous les émotifs et qui devient particulièrement sensible au niveau du plexus solaire chaque fois qu'ils sont vivement impressionnés. C'est efficace, également, contre l'éreutophobie (2) et les diverses manifestations de la timidité. Dans la station debout, tous les mouvements de bras habituellement conseillés par les professionnels de la culture physique dans le but de favoriser l'extension de la cage thoracique et de tonifier les muscles élévateurs, peuvent être exécutés, mais dans un rythme lent et sans aller jusqu'à l'essoufflement et à la fatigue. Doucement exercé pendant quelques mois, l'organisme le plus fragile pourra ensuite aborder sans inconvénients, un entraînement plus sévère sous la direction d'un spécialiste assez familier avec la physiologie pour doser convenablement l'effort à chacun selon ses résistances. On peut d'ailleurs considérer la capacité respiratoire comme suffisante quand l'expiration, mesurée au spiromètre, s'élève à deux litres et demi environ.

5. — La retraite méditative

C'est dans le silence et dans l'isolement que la notion de nos propres volontés se précise le plus clairement, que nous pouvons les examiner avec le maximum de lucidité, nous rendre compte des meilleures dispositions à prendre, des décisions les plus judicieuses à arrêter. Une heure par jour consacrée à réfléchir, à dégager de l'ensemble des considérations qui se présentent une

1. Crainte de rougir qui détermine effectivement en présence d'autrui la vasodilatation des capillaires de la face.

ligne de conduite bien définie, suffit à enrayer les effets des multiples influences qui tendent à s'insinuer ou à s'imposer.

En réfléchissant régulièrement et sérieusement, chacun affermit sa personnalité objective, c'est-à-dire son jugement et sa volonté. D'autre part, on se rend compte, ainsi, du meilleur parti à tirer des circonstances et de la manière d'agir la plus habile. Cette manière d'agir ne vient à l'esprit que si on cherche, en méditant, à la découvrir, à la préciser. Elle apparaît alors avec cette lumineuse évidence qui engendre les résolutions inébranlables.

L'isolement se recommande encore sous une autre acception. Même au milieu de nos semblables, nous demeurerons en état d'invulnérabilité si nous nous abstenons de communiquer nos plans, nos désirs, nos aspirations et si nous nous refusons à rendre compte des considérations qui dictent nos actes. Rien n'est plus funeste à la vigueur psychique que de céder à l'impulsion de se confier, de communiquer sans discernement ses projets, ses appréciations, ses dispositions morales et surtout de justifier ses agissements. La satisfaction fugitive de ces expansivités est invariablement suivie de dépression. Quiconque tient à se former un caractère ferme et indépendant ne saurait y parvenir sans tenir compte de ce qui précède. C'est de l'approbation de votre propre conscience et de la rectitude de celle-ci qu'il convient de vous soucier — exclusivement.

Quand on a besoin d'être éclairé, c'est aux compétences avérées qu'il convient d'avoir recours et, lorsqu'il s'agit d'une question spéculative, l'examen des textes qui s'y rapportent est préférable aux indications orales, car l'habileté persuasive influe sur le libre examen. Pour se déterminer en toute liberté d'esprit, il suffit de prendre successivement connaissance des diverses thèses relatives à la question, de les examiner à tête reposée et d'y réfléchir en pesant soi-même le pour et le contre, du point de vue logique et du point de vue expérimental.

6. — Importance des facilités d'expression

La répugnance que ressentent un grand nombre d'influençables à maintenir leur point de vue, à dire qu'ils ne sont pas d'accord, à refuser, vient de l'incapacité où ils se savent de formuler leurs pensées avec autant de courtoisie que de fermeté. Leur verbe manque de souplesse et d'à-propos. Comme beaucoup de timides, ils s'expriment maladroitement, désagréablement malgré les meilleures intentions. Il est donc de la plus haute importance de se rendre maître de sa parole, de savoir exprimer un refus, se déclarer d'un avis contraire, exposer ses pensées nettement mais d'une manière assez adroite pour déconcerter le ressentiment. Pour cela, il faut enrichir son vocabulaire à l'aide de lectures bien choisies, s'attacher à pénétrer le sens exact des mots et saisir toute occasion d'écouter des discussions entre orateurs exercés. De plus, prendre l'habitude de parler avec tact, de construire délibérément ses phrases, ses exposés, ses réparties.

Il ne s'agit pas d'user d'un langage emphatique, abondant et fleuri, mais au contraire de rechercher la concision et la mesure, d'éviter les outrances et les brusqueries, de conserver un ton calme et, par-dessus tout, de placer l'émission de la parole sous le contrôle de la personnalité objective (1).

7. — L'art de rester soi-même

Plus on s'exerce à se surveiller et à se gouverner, plus on acquiert de fermeté et de lucidité. Les convictions, les affirmations, les incitations qu'on entend peuvent susciter de l'intérêt sans échapper pour cela à la surveillance du discernement. Entraîné à examiner constamment vos propres idées, à chercher à se rendre compte de leur valeur, votre jugement examinera de même, pour ainsi dire automatiquement, les pensées

1. Voir, du même auteur : « *L'éducation de la parole* » (Editions Dangles).

exprimées devant vous. Le mobile des paroles qu'on vous adresse, le but de ceux qui cherchent à faire naître en vous tels sentiments, telle impulsion, telle conviction vous apparaîtra souvent, d'emblée.

Sans vous croire obligé de donner votre appréciation, sans vous laisser imposer de conclure de suite, sachez, le cas échéant, réserver votre avis quand vous manquez d'un critère personnel immédiat.

Dans la disposition de votre temps et de votre personne, l'initiative doit vous appartenir sans réserves. A vous d'apprécier ce qui vous est profitable ou agréable ; à vous de décider des moments et des durées. Ceci réduira probablement le nombre des gens que vous fréquentez à quelques rares individualités spontanément portées à agir en concordance avec votre propre caractère, et cela n'en vaudra que mieux.

Si appréciables que vous paraissent les bonnes grâces de quelqu'un, s'il fallait pour les obtenir dissimuler votre véritable « moi » derrière une façade conçue selon les exigences de cette personne, la plus élémentaire logique prescrirait de ne pas consentir cette adultération. En effet, ce ne serait pas vous-même qui seriez agréé, mais le masque que vous vous seriez laissé imposer. Que vous cultiviez les éléments attractifs de votre personnalité, que vous développiez celles de vos qualités susceptibles de susciter autour de vous l'estime, la sympathie, rien de plus recommandable, mais alors vous posséderez de réels attraits, non pas des charmes simulés.

Il ne saurait d'ailleurs se former d'attirance durable qu'entre ceux qui, se montrant l'un à l'autre tels qu'ils sont, se produisent réciproquement une impression favorable. D'une manière plus générale, vis-à-vis de n'importe qui, une attitude résolue, positive, ferme, déterminera toujours plus d'estime que les allures puériles de ceux qui sourient et approuvent, invariablement.

CHAPITRE VIII

Conflits intérieurs

1. — Le conflit des tendances et des aptitudes

Parmi les tourments qui mettent en péril l'équilibre psychologique, il en est un, fort pénible et assez fréquent, dont l'origine consiste dans l'insuffisance des aptitudes par rapport aux aspirations. Quand, par exemple, ces dernières postulent l'accès à un certain niveau social nécessitant des aptitudes que l'on ne possède pas, ou trop faiblement, les échecs, les déconvenues, le mécontentement qui s'ensuivent engendrent presque toujours une aversion profonde pour le devoir immédiat et quelque répugnance pour de nouvelles initiatives.

On peut ressentir un goût très vif pour une profession déterminée, parce qu'on juge qu'elle satisferait certaines de nos tendances, soit par ses côtés extérieurs et représentatifs, soit par les prérogatives qu'elle comporte, soit par son caractère lucratif. Si l'on se trouve doué, ainsi qu'il le faut pour la technique de cette profession, tout va bien. Mais il peut se faire qu'elle nécessite des prédispositions spéciales, une sorte et un niveau de connaissances dont il faudrait se pourvoir d'abord, des résistances physiques ou morales particulières, et, par surcroît, des qualifications personnelles pour se mettre en valeur parmi nombre de compétiteurs. Supposez qu'à celui qui convoite les avantages du métier, il manque une ou plusieurs des caractéristiques qu'il requiert, et vous aurez un type d'insatisfait tel que nous en avons vu des centaines.

La vitalité du psychisme humain exige l'application des facultés individuelles à des œuvres qui leur correspondent. Tirer ses ressources d'un état pour lequel on n'est pas fait entraîne une sorte de régression. Encore faut-il que *l'on convienne* aux fonctions *qui vous conviennent.* Il est donc de la plus haute importance de se rendre compte à quoi l'on est apte, de choisir, d'après ce fondamental critère, parmi les diverses voies qu'il désigne, et de suppléer, par une application résolue, aux virtuosités innées dont on n'a pas été gratifié.

La question d'argent et celle des satisfactions de vanité ne sont-elles pas secondaires auprès de celle du contentement qu'on tire de l'exécution même des actes professionnels, quand ceux-ci vous conviennent ? On ne saurait, d'ailleurs, escompter de succès, personnels ou financiers, d'un état pour l'*exercice* duquel on ne manifeste aucune électivité. Le représentant qui réussit est celui qui aime à accomplir les actes nécessaires à la création et à l'extension des débouchés. Et non seulement il réussit, mais l'ensemble de ses facultés se développe et s'affermit progressivement. Son activité professionnelle lui est un plaisir journalier ; elle lui sera, le cas échéant, une compensation et un refuge vis-à-vis des tourments possibles de l'existence.

2. — L'orientation professionnelle

Il est donc essentiel — notamment du point de vue de l'hygiène mentale — de se complaire dans son travail journalier, en sorte que ses côtés ennuyeux (il y en a toujours) puissent être allégrement envisagés et deviennent, par l'accoutumance, insignifiants. Mais pour se complaire ainsi à une besogne, il faut que les capacités qu'elle requiert n'excèdent en rien celles qu'on possède, du moins à l'état latent. Avec de l'attention, de l'assiduité, de l'énergie, les capacités, même latentes se transmuent en habileté, en compétence, et ainsi, chacun peut atteindre une supériorité relative qui paie toujours appréciablement, tant au point de vue matériel qu'au point de vue moral. La question de l'orientation professionnelle mérite donc la plus sérieuse considération, notamment en ce qui concerne l'équilibre psycho-nerveux, car elle constitue le meilleur moyen de prévenir l'une des pires sortes de conflits intérieurs.

Etant donné que chaque section de la vie active humaine (vie industrielle, vie commerciale, vie agricole, vie artistique, etc.) nécessite des *créateurs*, des *techniciens*, des *organisateurs*, des *administrateurs* et des *réalisateurs de détail*, l'orientation professionnelle doit discerner primordialement, pour chaque cas, celle des cinq fonctions précédentes à laquelle l'individu à diriger convient.

Le créateur et le technicien se recrutent parmi les hommes à prédominance cérébrale. Leur rôle respectif d'innovation et d'adaptation met purement en jeu le travail supérieur de la pensée.

L'organisateur, dont le rôle nécessite une combativité aussi énergique qu'habilement diplomatique, doit être caractérisé par une prédominance motrice, c'est-à-dire émotionnelle. Alors que l'innovateur et l'adaptateur technique œuvrent dans le calme et l'isolement, l'organisateur, lui, doit résoudre des difficultés concrètes et régir les rapports de l'organisme en question avec l'élément humain.

Quand tous les mécanismes fonctionnels ont été réglés par les soins de l'organisateur, l'administrateur entre en jeu. Son rôle consiste à surveiller des directives établies par le précédent, en vue d'assurer l'activité harmonieuse des rouages déjà mis au point. L'administrateur devra donc être un homme de discernement matériel, c'est-à-dire à prédominance organo-végétative.

Quand aux réalisateurs de détail, ils se caractérisent par leur aptitude à exceller uniquement dans telle ou telle besogne parcellaire constituant la spécialisation de chacun.

A remarquer qu'autour des cinq premiers plans ainsi définis gravitent des gens de même catégorie mais qui, moins nettement doués, ne peuvent remplir que des tâches secondaires. Ainsi, chaque créateur a besoin d'être assisté par des chercheurs, cérébraux comme lui, mais qualifiés pour l'analyse plutôt que pour la synthèse ; autour du technicien d'ensemble, il faut des spécialistes de chaque section technique de détail. L'organisateur transmet son impulsion à une série d'agents de même nature professionnelle que lui. Avec l'administrateur collaborent les chefs de service. Au réalisateur de détail, sont adjoints l'aide ou le manœuvre.

S'étant rendu compte :

1°) à laquelle des cinq principales catégories de fonctions on paraît convenir ;

2°) à quel rôle exact on se sent apte dans sa propre catégorie, il restera — mais ceci a moins d'importance — à discerner le milieu pour lequel on paraît présenter le plus d'affinité : industriel, commercial, artistique, scientifique, etc. Ici, les affinités nettement électives se révèlent dès l'enfance et ne sauraient passer inaperçues. Plus leurs manifestations sont précoces, plus heureusement on doit augurer de leur évolution. L'enfant prédestiné s'efforce, de très bonne heure, non pas de *simuler* mais de *produire* quelque chose dans le sens des virtualités qui sont en lui.

3. — L'application

Si bien doué qu'on soit, un effort attentif et soutenu est indispensable pour acquérir les connaissances et l'entraînement qui s'imposent. Et si peu doué qu'on soit, l'application portera toujours ses fruits, car elle détermine, plus ou moins rapidement, mais sûrement, l'habileté, la compétence, donc le contentement professionnel si favorable à l'équilibre psycho-nerveux.

Dans chaque cas, la recherche préalable des déficiences ou insuffisances sensorielles, motrices ou psychiques de l'individu, puis la rééducation de chacune des insuffisances constatées devrait inaugurer tout enseignement professionnel. L'une des plus fréquentes est celle de l'attention volontaire, et l'examen méthodique permet souvent de constater que cette dernière provient d'une hypoactivité visuelle ou auditive à laquelle il convient d'abord de remédier par un entraînement approprié.

Mis en état d'aborder les difficultés pratiques de son état, l'intéressé les surmontera infailliblement s'il concentre son effort successivement sur chacune, selon un ordre conçu à l'avance *ne varietur.* C'est une question d'énergie et de persistance, car toute besogne livre peu à peu son secret à celui qui s'applique, opiniâtre, à l'accomplir impeccablement.

Même absolument dépourvu de dispositions, on y peut suppléer largement par une application rigoureuse. C'est pourquoi l'avenir professionnel de l'homme s'éclaircit nettement dès qu'il s'initie aux méthodes de culture psychique (1) et les met en pratique. La culture psychique étend et fortifie les facultés d'assimilation, d'adaptation, de réalisation et la capacité d'effort dans quelque acception que ce soit.

Tout état comporte nombre de difficultés. Loin de se les dissimuler, celui qui envisage l'excellence doit les inventorier, les réfléchir minutieusement, les confronter avec ses moyens sans surestimation ni d'un côté ni de l'autre, se préparant ainsi fort avantageusement à les surmonter. A chacune, on opposera une tactique délibérée : les plus prosaïquement matérielles offrent l'occasion de s'exercer à la réflexion et à l'ingéniosité, en supputant les diverses manières possibles d'en venir à bout et en donnant la préférence à la plus habile.

---

1. Voir : « *Le Pouvoir de la Volonté* ». Même auteur. (Editions Dangles.)

C'est ainsi que ceux que leur innéité n'a pas doté de quelque prédisposition talentueuse et qui, de ce fait, sont déterminés vers les professions qui n'exigent pas de qualifications spéciales, peuvent adapter magistralement leurs facultés à un milieu primitivement sans attrait et y créer l'attrait en devenant, à force d'industrieuse ténacité, des virtuoses dans leur partie.

4. — Le conflit du tempérament et du milieu

Parmi les éléments qui importent le plus manifestement à l'harmonie psychique des nerveux et des sensitifs, il faut ranger les impressions sur eux produites par leur entourage. Si trop de divergences s'accusent entre leurs tendances, leur culture, leur orientation et le milieu où ils vivent, toute sérénité, et par conséquent toute régularisation organique leur devient malaisées. On doit alors leur conseiller l'étude de la psychologie d'observation qui, leur permettant de mieux comprendre les caractères très distincts du leur, les éclairera sur la manière de se cuirasser et d'influer autour d'eux. Après avoir fait son profit des indications données au chapitre VII, l'intéressé devra se familiariser avec la technique de la suggestion appliquée (2) et s'exercer à l'utiliser.

L'isolement et l'indépendance dans toute la mesure du possible conviennent mieux aux grands nerveux, surtout en ce qui concerne la vie privée, que la présence de personnalités oppressives et les heurts journaliers.

Pour prévenir les contraintes et les conflits, chacun ne saurait d'ailleurs exercer avec trop de vigilance son sens causal, c'est-à-dire analyser soigneusement avant d'agir les multiples conséquences possibles des décisions ou des engagements qu'il se sent incité à prendre. En particulier, l'examen critique des caractères aidé de

2. Voir, du même auteur, « *Méthode pratique d'autosuggestion* ». (Editions Dangles.)

la graphologie — la plus sûre des méthodes d'investigation — permet, en nous révélant les dispositions morales de chacun, de ne se lier qu'à bon escient.

5. — L'auto-analyse

Si tant d'individus assument, au point de vue professionnel ou social, des tâches, des rôles, des responsabilités au milieu desquels ils se débattent ensuite médiocrement et désagréablement, c'est qu'ils ne se sont point formés des ressources de leur propre personnalité une notion claire et précise. Ils possèdent des possibilités qu'ils méconnaissent et des déficiences dont ils ne se rendent compte qu'au prix d'expériences préjudiciables. Un inventaire physio-psychologique détaillé préviendrait tout cela en fournissant à chacun des critères rigoureux pour orienter son activité et sa vie privée. La puissance et la résistance de tous les appareils organiques, l'acuité sensorielle, la vigueur et l'envergure des mécanismes intellectuels, les caractéristiques de l'émotivité et des divers modes de la sensibilité, les goûts, tendances, convoitises, appétences, les ressources de la volonté, la capacité énergétique, les moyens de sociabilité, les inclinaisons morales et philosophiques, tout ce qui constitue l'individu devrait lui être précisément connu. Ainsi éviterait-il nombre d'écueils, par exemple de se livrer à un métier de force ou à un sport violent s'il n'a pas toutes les résistances nécessaires, d'entreprendre un commerce s'il manque de circonspection, d'ordre ou d'avidité, de fonder un foyer si les qualifications indispensables pour remplir convenablement les devoirs de chef de famille lui font défaut, ou de se créer d'autres besoins que ceux auxquels sa puissance de production est manifestement capable de pourvoir dans une mesure irréprochable.

Connaître exactement ses limites en tout, c'est être à même de discerner en quoi et comment l'on peut le mieux réussir, c'est aussi se prémunir contre toute incitation à entreprendre ou à assumer quoi que ce soit en dehors du champ des possibilités qu'on se sait.

On peut remédier aux insuffisances connues à temps, de même qu'aux tendances pathologiques ou aberrantes dont le refoulement pur et simple engendre inexorablement la névrose.

6. — L'individu et le collectif

Les conditions actuelles de la vie sociale comportent encore un trop grand nombre d'abus manifestes pour ne pas déterminer tous les penseurs équitables à de sévères appréciations et à des dispositions individuellement défensives. On ne saurait s'étonner de ce que ces abus impressionnent certaines mentalités jusqu'à la révolte de principe et même de fait. L'individu ainsi conduit à l'obsession et au désordre conviendra cependant, s'il réfléchit, qu'il se rend doublement victime puisqu'il renonce à maintenir ses inaliénables moyens d'action. Avant tout, pour se défendre soi-même et promouvoir ses conceptions sociologiques, il faut à chacun un psychisme calme, lucide, méthodique et tenace.

Que de nerveux s'agitent et se dépensent en pure perte parce qu'ils croient devoir donner cours à leur indignation devant chaque fait arbitraire, abusif ou inéquitable. Outre qu'ils dispersent en vain leurs efforts, ils n'améliorent pas plus leur propre sort que celui des autres. Que ne lisent-ils la vie des grands réformateurs : ils en apprécieraient le travail silencieux, persistant et systématique.

En outre, comme les modifications stables nécessitent une longue gestation, il convient de s'adapter, dans l'ordre et la légalité, aux mécanismes sociaux ne serait-ce que pour coopérer avec le maximum d'efficacité et de sécurité, à l'avènement des institutions désirables.

7. — La notion du temps

Une juste notion du temps aide considérablement à résoudre les divers conflits que nous venons d'évoquer. Ainsi, celui qui désire changer de profession et qui sait que deux ou trois années d'études supplémentaires sont indispensables pour acquérir, à cet effet, de nouvelles connaissances, doit considérer cette œuvre de longue haleine comparativement à la durée quintuple ou décuple pendant laquelle ses efforts d'aujourd'hui lui porteraient profit. Loin de se laisser gagner par la lassitude à l'idée d'une initiative supplémentaire prolongée, il l'aborderait alors allégrement. De même, pour la période d'application qui s'impose lorsqu'on veut surmonter les difficultés inhérentes à l'exécution de telle ou telle besogne.

Dans l'adaptation à un milieu ou à une personnalité, celui qui compte avec le temps et utilise inlassablement les notions de la psychologie appliquée peut accomplir les mises au point les plus satisfaisantes. Et on peut dire que les plus grands obstacles comme les pires résistances cèdent mathématiquement à l'effort calme, soutenu et patient. Persister dans la même ligne de conduite, dans la même entreprise, tel est le secret de bien des victoires.

Sans surestimer ses moyens, mais en s'armant de patience et de suite dans les idées, le plus modestement doué surmontera, s'il y est résolu, les éléments hostiles de son sort, réformera ses défectuosités personnelles et se frayera, pas à pas, mais avec certitude, une voie des plus satisfaisantes.

CHAPITRE IX

Les affligés esthétiques et les timides

1. — Altération, laideur, difformité et impressionnabilité

Alors que certains individus, manifestement disgraciés ou infirmes sont épanouis, sympathiques voire séduisants, certains autres, d'apparence souvent moins contrefaite, restent hésitants, timides, tristes et plus ou moins désagréables. Il s'en trouve même qui, à force de s'autosuggestionner s'imaginent et arrivent à se convaincre qu'ils sont ridicules, laids ou repoussants, simplement parce qu'ils se savent une légère irrégularité des traits, une petite défectuosité de l'épiderme, une infériorité de taille, une calvitie précoce, un défaut de prononciation, etc...

Ils vivent dans l'appréhension incessante de la critique et des railleries. Ils se croient partout le point de mire des regards et s'imaginent donner lieu aux plus désobligeants commentaires.

En fait, ce sont des sensitifs, tels que décrits au chapitre V. Une première impression pénible, née d'une plaisanterie ou d'une rebuffade à laquelle un autre serait resté indifférent les a exagérément affectés, tourmentés, créant ainsi une obsession sous l'influence de laquelle les imaginations et les interprétations les plus affligeantes se sont chaque jour multipliées.

Le même mécanisme explique comment, sans l'ombre d'une cause morphologique, certains émotifs d'apparence parfaitement normale, ressentent — parce qu'ils se sont autosuggérés qu'ils manifestaient une infériorité quelconque — cette appréhension inhibitrice qu'on nomme « timidité ».

Dans tous les cas, régulariser l'impressionnabilité — par les moyens indiqués aux chapitres V et VII — et se libérer de la contrainte du désir de l'approbation, tout est là.

2. — Importance relative des défectuosités esthétiques

L'impression que produit notre extérieur sur ceux auxquels nous n'avons pas personnellement affaire ne saurait importer à quiconque réfléchit. D'une part leur attention, fugitive et indifférente, est à peine effleurée. On est généralement trop préoccupé de soi-même pour épiloguer sur les défectuosités esthétiques de ceux qui passent. D'autre part, les appréciations ambiantes restent sans effet sur l'équilibre et sur les intérêts de l'individu en cause, du moment où il ne s'en soucie pas. Pour combattre toute propension à se préoccuper des pensées des inconnus que nous croisons, pour forger sa propre indépendance mentale, il suffit de s'attacher à développer l'attention volontaire, comme je l'ai indiqué à d'autres fins au chapitre VI. On prend alors l'initiative de penser à ce que l'on veut, on acquiert la possibilité de raisonner ses propres impressions et de couper court aux interprétations irrationnelles qu'elles tendent à suggérer.

Quant aux personnes en présence de qui nous devons vivre ou avec lesquelles nos occupations nous mettent en rapport, n'oublions pas que leur réceptivité n'est pas uniquement sollicitée par nos caractéristiques morphologiques, mais aussi par l'expressivité de notre regard, par notre impassibilité physionomique, par l'aisance de notre attitude, par notre éducation, notre élocution et plus encore par notre radio-activité psycho-physiologique, toutes choses qui dépendent de notre volonté, de nos efforts, de notre savoir.

Il n'est pas d'apparence si chétive et si contrefaite qu'elle doive exclure nécessairement toute attirance et cela se vérifie expérimentalement, car il ne manque pas — Dieu merci — d'infirmes qui soient recherchés, séduisants, aimés.

Par ailleurs, l'accoutumance émousse toujours l'effet produit par la beauté ou la laideur. Il suffit de quelques jours, de quelques semaines de présence pour que les agréments physiques semblent moins appréciables et les défectuosités moins accusées. Tout au contraire, le pouvoir des éléments psychiques de l'influence personnelle s'accentue avec le temps.

3. — L'apparence saine

Dans notre ouvrage : *« Comment développer votre charme personnel »* (1), le Dr Oudinot et moi nous avons montré que le seul et unique des agréments physiques qui soit à peu près indispensable était l'apparence saine, celle que donne l'équilibre interne. Chacun peut l'obtenir en se conformant aux lois de l'hygiène dont l'adaptation au tempérament nerveux a été indiqué dans le précédent volume dès le premier chapitre. On assure ainsi l'égalité, l'uniformité du teint, on prévient l'œdème sous-orbiculaire et la flaccidité, les dermatoses et les rides excessives. L'extrême correction de l'aspect pilaire et de l'aspect dentaire, la plus grande minutie dans les soins corporels, l'habile composition vestimentaire se rattachent aux mêmes principes : l'eurythmie cinématique — qui résulte d'un bon entretien de la souplesse musculaire — également.

1. Editions Dangles.

Ces résultats nécessitent uniquement de l'empire sur soi-même et de la suite dans les idées. L'effort ainsi exigé concourt d'ailleurs puissamment à diminuer l'impressionnabilité, à éviter les autosuggestions déprimantes et à faire naître l'assurance.

4. — La beauté, l'attirance, l'amour

« Il semble, dit SAINT-EVREMOND, *qu'un caprice de la nature fasse naître les agréments de l'irrégularité et que les beautés achevées, qui ont toujours de quoi se faire admirer, aient rarement le secret de savoir plaire ».* Il est d'observation courante que la beauté classique suscite peu d'élans amoureux (2). En fait, les types de femmes et d'hommes réputés pour leurs séductions ne s'identifient pas le moins du monde avec les clichés esthétiques que proposent à notre admiration les peintres, les sculpteurs et les littérateurs : leurs physionomies ont plus de relief, d'expressivité originale et frappante que de beauté.

L'origine essentielle du charme, ai-je écrit d'autre part, échappe à ceux qui ne discernent pas au-delà de ce qui flatte l'œil ou recrée l'esprit. Elle réside manifestement au centre même de l'animation psychique et son intensité se mesure à l'intensité même de la vie intérieure, c'est-à-dire à la vigueur des composantes du caractère. Les attraits extérieurs irradient alors — simples conducteurs — une sorte d'emprise et, parfois, tout attrait disparu, l'emprise subsiste.

Ainsi les pires difformités du visage et du corps n'équivalent pas à l'exclusion du charme : elles peuvent être largement compensées et passer, bientôt, inaperçues, si les qualifications qui dépendent du psychisme, c'est-à-dire de la volonté, reçoivent une culture suffisante.

---

2. Voir : *« Psychologie de l'Amour. »* Même auteur. (Editions Dangles.)

5. — Qualifications attractives

Cette culture doit commencer, nous l'avons vu, par l'instauration des mesures qui déterminent l'apparence saine. Ensuite on s'attachera successivement à réaliser ce qui suit :

— Un calme absolu que rien ne puisse altérer. Grandement facilitée par l'observance des indications données précédemment, chapitres I, II et V, l'acquisition du calme est une affaire d'autosurveillance.

— Une élocution posée, nette et correcte. Se procurer un manuel de diction et travailler son articulation consciencieusement jusqu'à ce qu'on ait acquis l'habitude de parler avec une parfaite pureté.

— Améliorer le timbre même de la voix par la pratique du chant.

— Adopter et s'attacher à conserver une attitude ferme et résolue. Cela nécessite tout d'abord la mise en pratique de ce qui a été précédemment indiqué pour surmonter l'impressionnabilité et l'émotivité sous toutes leurs formes. Il suffit de savoir demeurer parfaitement maître de ses expressions physionomiques, de ses paroles et de ses regards en présence de qui que ce soit, pour que les caractéristiques statiques de l'attitude attractive se constituent automatiquement. Ses caractéristiques actives, tactiques pourrait-on dire, consistent à influer consciemment sur les personnes avec qui l'on se trouve en tenant compte des lois de la suggestion. Dès qu'on bannit de ses manières l'empressement et la recherche de l'approbation, dès qu'on reste maître de ses manifestations extérieures et qu'on cesse de réagir impulsivement à tout ce qu'on entend et à tout ce qu'on voit, on détermine autour de soi une impression favorable. Dès qu'on mesure ses paroles, qu'on les délibère, on crée chez ceux qui vous écoutent une disposition confiante et réceptive (3). Dès qu'il devient avéré que nul propos n'agit plus sur vous, personne n'essaie plus de vous affecter. On peut dire, alors, que votre attitude détermine les comportements à votre égard de ceux qui vous entourent.

On acquerra la souplesse de l'esprit en se familiarisant, par des lectures appropriées, avec un certain nombre d'idéologies et en s'accoutumant à la spéculation intellectuelle. Les exercices de mémoire, de discernement, d'imagination créatrice, et en un mot tout ce qui précise et fortifie la pensée ajoute de nouveaux moyens d'attirance à ceux qu'on possède déjà. En particulier, on acquiert la possibilité de parler avec charme, à-propos et aisance dans la répartie, l'habileté persuasive — dont l'influence s'avère bien autrement puissante que celle des éléments esthétiques.

L'efficacité directe de la pensée et de la volonté augmente au fur et à mesure que les principes précédents sont de plus en plus strictement mis en pratique.

6. — L'influence personnelle

L'intention même d'influer appréciablement et d'une manière attractive autour de soi développe peu à peu l'influence personnelle. En premier lieu, cette intention constitue une autosuggestion qui modifie avantageusement l'intéressé ; je dirai même : qui *aimante* sa personnalité. Secondement, le désir, la volonté d'impressionner favorablement autrui engendre une action télépsychique constante et spontanée (4).

On comprend donc qu'en sus de leur portée immédiate, les prescriptions données au paragraphe précédent soient autant

---

3. Voir, du même auteur : *« Méthode pratique d'autosuggestion »* et *« Comment développer votre charme personnel »*. (Editions Dangles.)
4. Voir : *« L'Influence à distance. »* Même auteur. (Editions Dangles.)

d'autosuggestions qui créeront à la fois l'optimisme, la confiance en soi et l'aimantation individuelle. Il n'y a pas d'autosuggestion aussi puissante que celle qui consiste à exécuter des actes précis et délibérés en vue du résultat qu'on recherche. Agir en vue de modifier les éléments défavorables du sort c'est déjà leur échapper, c'est s'ouvrir les joies de la lutte, c'est prendre conscience des moyens que l'on possède de vaincre la fatalité, c'est densifier ce *centre de l'animation psychique* où réside, comme je le disais plus haut, l'origine du charme personnel.

7. — Calme, confiance et assurance

Ceux et celles qui auront clairement compris ce qui précède cesseront donc de se lamenter et de gaspiller leurs ressources mentales à se représenter, sous d'innombrables formes, les inconvénients de leur présente condition. L'appoint que la nature leur a refusé, ils le concevront comme nullement indispensable. D'ailleurs, en matière d'éléments de séduction, la moindre infortune est pour ceux dont le seul physique se trouve affligé : on supplée parfaitement, si l'on est ingénieux et résolu, à n'importe quelle difformité. Au contraire, la beauté la plus éclatante, si le discernement fait défaut, constitue bien plutôt un danger qu'un avantage. Il suffit d'avoir tant soit peu vécu et observé pour s'en convaincre.

Considérant avec le plus grand calme et la plus grande certitude que rien d'essentiel ne leur manque pour obtenir les diverses satisfactions personnelles qui dépendent de l'apparence, les désolés d'hier se mettront à l'œuvre pour créer et développer leur influence attractive. Dès les premiers résultats, qui sont toujours rapides, la confiance en soi sera définitivement établie et l'assurance naîtra.

Il faudra alors exercer sans relâche cette dernière avec la résolution bien arrêtée de ne pas laisser la moindre lacune dans son développement. Pour cela, rechercher toutes les occasions de faire effort d'initiative : démarches, présence à diverses réunions, incursions parmi toutes sortes de collectifs, de milieux, etc...

Enfin, on se prescrira à soi-même des actes d'assurance de plus en plus importants et on s'efforcera de les accomplir(1).

1. Voir, du même auteur : « *L'aptitude à l'effort réalisateur* » (Editions Dangles).

CHAPITRE X

La neurasthénie génésique

1. — Comment elle survient

Puisque la plupart des hommes qui se trouvent robustement doués au point de vue génésique tirent de cela une vanité énorme, rien d'étonnant à ce que l'infériorité avérée, ou même la crainte d'une impotence occasionnelle suffise à déprimer jusqu'à l'hébétude certains émotifs. Cela se produit de plusieurs façons. Il y a d'abord le cas de l'homme que la maladie ou les excès ont débilité et qui, à la suite d'une manifestation passagère d'incapacité, s'est *frappé*. La peur de ne jamais retrouver sa virilité l'a envahi et l'inhibition s'est installée. Deuxième cas : celui des gens parfaitement constitués et vigoureux qui, bien que sûrs d'eux-mêmes tant qu'il s'est agit de sujets interchangeables, s'alarment à propos d'une entrevue à laquelle ils attachent quelque importance inusitée. Enfin, on doit noter les innombrables novices plus ou moins impressionnables, timides, qu'une éducation étriquée a rendu craintifs à force de vouloir les préserver.

De même que pour ces cas de pseudo-paralysie survenus à la suite d'un accident bénin : chute, coup, etc., et qui disparaissent sous l'effet de la psychothérapie, il s'agit ici d'autosuggestion. A la faveur de l'émotion, une représentation mentale d'impotence a fortement réagi fonctionnellement et s'est transformée en réalité.

Fort heureusement, le remède est à côté du mal.

2. — Défectuosités de l'éducation intime

S'il est une espèce d'hommes auxquels la connaissance précise des mécanismes génitaux et de leurs rapports avec les mécanismes psychiques est indispensable, ce sont bien les nerveux. Qu'ils sachent que la fonction est sous la dépendance de l'idée, d'une part, et, d'autre part, de l'état général tributaire lui-même d'une réglementation bien conçue. Or, n'en déplaise à FREUD, la principale cause des désordres en question, c'est le pansexualisme érigé en principe, c'est-à-dire le primordiat ou l'importance superlative attribuée à la fonction sexuelle. L'homme qui tient à son équilibre évitera avec profit d'accepter l'idée — que tout tend à lui suggérer, mais qu'une froide comparaison avec la réalité dissipe — qu'il y a, dans les actes reproducteurs, autre chose qu'une fonction à satisfaire dans l'exacte mesure où l'harmonie organique le nécessite et dont on ne saurait tirer qu'un plaisir très relatif. La surestimation autosuggestive des satisfactions intimes tend à créer à leur sujet une excessive préoccupation. Au fond, c'est principalement cette dernière qui engendre les appréhensions inhibitrices caractéristiques de la neurasthénie génésique. Si l'acte est considéré d'après l'exact contentement qu'il dispense et non plus d'après les imaginations dont on l'entoure, tout danger de désespoir disparaît à l'idée de n'en plus être capable. Je dirai même que pour beaucoup, cette idée équivaut alors à un sentiment d'appréciable libération, car si le plaisir est faible, la tyrannie sexuelle est obsédante et ses servitudes onéreuses.

Une juste notion de l'importance des contacts générateurs préviendrait, d'ailleurs, bien mieux que tous les préceptes des moralistes, les empressements précoces de l'adolescence d'où s'ensuivent les sénilités prématurées.

Un second préjugé contribue à transir d'effroi ceux qui se croient menacés d'impuissance : on croit, communément, cette dernière symptomatique d'une déchéance généralisée, plus particulièrement périlleuse pour la vigueur cérébrale. En fait, l'indifférence psychologique ou organique aux attraits vénusiaques ne détermine pas nécessairement le moindre fléchissement intellectuel ou musculaire. Ce sont, bien au contraire, les exacerbations de l'instinct génésique qui justifient l'inquiétude, car on les observe, presque invariablement, parmi les manifestations des névroses et psychoses graves.

Des hommes jeunes, robustes et subtils vivent, plus nombreux qu'on ne l'admet généralement, auxquels la concupiscence charnelle est à peu près ou même entièrement étrangère, simplement parce que leur imagination se trouve orientée vers d'autres genres de satisfactions plus appréciables.

L'inertie phallique ne doit donc pas affecter le moins du monde celui qui l'observe. Si elle résulte d'une fatigue excessive, il faut la considérer comme un repos au cours duquel les forces renaîtront ; s'il s'agit d'une inhibition d'origine émotive, il convient d'y voir une très opportune incitation à se rééduquer en vue de conquérir le calme et la confiance.

De ce qui précède, deux conclusions se dégagent au point de vue pratique :

1°) ne pas s'affoler ;

2°) se donner un ou plusieurs dérivatifs de manière à éviter l'obsession et se disposer, sans hâte, à suivre les indications qui s'imposent.

3. — De quoi dépend la fonction

C'est à l'état général qu'il convient de penser avant tout. Si l'inventaire de l'intégrité fonctionnelle met en lumière une ou plusieurs irrégularités, on usera de la thérapeutique correspondante. Outre les déréglages digestifs, vasculaires et autres, l'insomnie et le surmenage physique et surtout intellectuel, quelles qu'en soient les modalités, doivent être amendés. L'oubli des principes de l'hygiène classique prédispose d'ailleurs aux déficiences génésiques, notamment les excès alimentaires, l'insuffisance d'exercice musculaire, la rareté des détentes cérébrales, toutes choses qui tendent à vicier les métabolismes et à créer la nervosité. Qu'on veuille bien revoir ce qui a été dit, à ce sujet, dans les trois premiers chapitres.

Moralement, l'ordre et le calme restent les conditions les plus favorables aux manifestations normales de l'instinct sexuel. La surexcitation imaginative, l'exaltation sentimentale, l'agitation sous une forme quelconque font aisément perdre le contrôle des mécanismes en question.

La confiance en soi — à peu près indispensable — s'établit d'elle-même pour peu qu'on se rende compte du fait que toute fonction se régularise si l'on est déterminé à se conformer aux indications nécessaires pour cela et si l'on sait attendre paisiblement l'immanquable résultat.

4. — Soins physiques

Sous réserve des contre-indications que peut comporter l'état des grands appareils constitutifs, voici les règles d'un *modus vivendi optimum* en ce qui concerne la virilité. Huit à dix heures de sommeil isolé. Alimentation identique à celle que j'ai proposée aux nerveux, page 16. Bain froid rapide ou tub froid au réveil.

Une à deux heures de mouvement au grand air chaque jour. Le genre d'effort musculaire à adopter comme mouvement doit suffire à éliminer toute adiposité. Par conséquent, un homme au-dessous de son poids normal préférera la promenade paisible, tandis qu'un obèse devra fournir un travail musculaire plus dur auquel il s'entraînera graduellement, de manière à ne pas surmener son cœur. Tous les stimulants, quels qu'ils soient, notamment l'alcool, seront écartés. S'ils déterminent certains prurits, d'ailleurs fugaces, ils désordonnent l'emprise normale de la volonté sur la fonction qui nous occupe et sont d'ailleurs nocifs à d'autres points de vue. L'usage modéré de vins irréprochables, à condition que les métabolismes soient parfaits, n'a, au contraire, que de bons effets.

L'activité professionnelle sera bien ordonnée et assidue sans être excessive. Si le repos absolu laisse volontiers les disponibilités qu'il favorise s'orienter en mode génital, il prédispose, par cela même, à l'excès, donc à une réaction égale et de sens inverse.

Le sommeil sera précédé de rapides lotions ou ablutions froides. Mieux vaut d'ailleurs séparer résolument les heures du repos nocturne de celles des rapprochements. On évite ainsi une accoutumance qui joue souvent, comme l'a spirituellement dit l'auteur de *« Tout l'Amour »,* le rôle d'*éteignoir.*

5. — L'imagination et les nerfs

Au point de vue qui nous occupe, le rôle de l'imagination est très important. Elle peut être mise en éveil par deux processus très distincts. D'une part, la réplétion vésiculaire actionne, du dedans, la pensée ; d'autre part, les images extérieures agissent sur elle à la manière d'une suggestion. Or, le maximum de vigueur résulte d'une exacte concomitance des deux processus et, si l'on veut s'assurer cette exacte concomitance, il faut interdire l'accès de son cerveau aux images érogènes en dehors des moments où la réplétion est certaine. D'où la nécessité absolue de gouverner son mental et d'acquérir assez d'autocontrôle pour demeurer impassible, quelles que soient les incitations, à tout instant où l'on a décidé qu'il en serait ainsi.

Ces principes sont généralement méconnus. Aussi voit-on un grand nombre de fléchissants procéder d'une manière inverse, rechercher toutes les sources possibles d'excitation : spectacles, livres, gravures, conversations, etc., toutes choses qui suscitent artificiellement le désir (1), mais qui désorganisent les forces dans la mesure même où elles infligent l'agitation. Ici comme ailleurs, l'action n'est pas la sœur du rêve.

Après toute période suffisante pendant laquelle l'esprit sera demeuré absolument étranger aux préoccupations sexuelles, une vitalité locale nouvelle se manifestera. Ainsi doit-on conseiller à ceux qui veulent se fortifier, non pas la recherche de visions suggestives, mais un dérivatif assez captivant pour accaparer longuement leur esprit.

6. — Le rôle de l'émotion

On sait que dans l'être humain, l'activité de la sphère intellectuelle, celle de la sphère émotionnelle et celle de la sphère instinctive se sustentent d'une seule et même énergie, c'est-à-dire d'influx nerveux (2). Dès que l'activité d'un des trois centres constitutifs dépasse un certain degré d'intensité, accaparant ainsi la majeure partie du débit d'influx nerveux, les deux autres se trouvent inhibés. C'est pourquoi aux moments où le sen-

1. Quant aux stimulants alimentaires ou pharmaceutiques, ce sont des chèques tirés sur le capital-vie en vue d'une dépense excédant momentanément le revenu.

2. Voir chap. II, § 2.

timentalisme s'exalte, les moyens physiques se dérobent. Trop vivement impressionnés — d'où que vienne l'émotion — les plus ardents subissent la constriction qui paralyse.

Ce phénomène n'a rien que de très normal et nul ne devrait s'en affecter. Une heure ou deux de sommeil profond, d'isolement calme, de délassement paisible suffisent à rétablir l'équilibre. On remarquera d'ailleurs qu'une vigoureuse spontanéité de l'organe s'accuse volontiers au cours de ces détentes alanguies, (vagotoniques) intermédiaires entre le sommeil et la veille, qui précèdent ou suivent immédiatement la somniation. C'est qu'alors la presque totalité du potentiel nerveux se trouve disponibilisé par les mécanismes organo-végétatifs.

Il existe un moyen de surmonter toute disposition fébrile, agitée, exaltée (sympathico-tonique) si violente soit-elle, en trente ou quarante minutes. Il faut s'étendre, sur un plan horizontal, la tête au niveau du corps, les paupières mi-closes, les muscles relâchés et, pendant une première période de dix à vingt minutes, veiller uniquement à conserver une immobilité absolue. Pour favoriser à la fois la détente et l'immobilité, le mieux est de s'autosuggestionner en répétant mentalement : *« Mon corps pèse lourdement..., il repose inerte comme un bloc de plomb..., je suis immobile..., complètement immobile..., détendu..., mes muscles s'engourdissent graduellement..., je ressens un engourdissement général..., une somnolence me gagne..., les bruits extérieurs me deviennent étrangers..., je suis engourdi..., immobile..., somnolent..., détendu..., etc., etc. »*. Après une vingtaine de minutes, avoir recours à la respiration lente, telle que décrite au Chapitre VII, § 4.

7. — Le temps

Dans la plupart des cas, l'impotence occasionnelle qui donne lieu à l'obsession craintive de l'incapacité *ad vitam* s'est produite parce que l'intéressé n'a su ni choisir, ni préparer, ni attendre son heure. La précipitation engendre aisément le désordre, même dans les manifestations de l'instinct génésique. Dans la rééducation des déficiences, il convient de s'armer de patience et de ne pas s'attendre à un changement instantané. Il faut se conformer chaque jour, de mieux en mieux, aux indications précédentes et attendre — comme un résultat mathématique, mais plus ou moins rapide — leurs effets. L'obsession entrave considérablement la production de ces effets ; d'où la nécessité de surmonter *d'abord,* cette faiblesse. C'est une question de discipline personnelle et d'énergie.

Lorsque les possibilités normales seront réapparues, il y aura presque toujours tendance à l'abus : écueil à éviter. Si l'on extorque à un organisme un effort supérieur à ce que comporte son revenu énergétique, on tarit les sources mêmes de la vie et la réaction, qui ne tarde jamais bien longtemps, se manifeste sous forme d'atonie.

. Inversement, toute période d'abstention volontaire tend à reculer le moment de la définitive sénilité.

CHAPITRE XI

Les pessimistes

1. — Les trois formes de pessimisme

Les dictionnaires notifient que par « pessimisme », on doit entendre l'ensemble des vues de ceux qui croient que « tout est au plus mal ». Ici, nous étendrons la signification de ce mot à toute méfiance a priori, à toute négation de principe, à toute désespérance préalable à une tentative consciencieuse.

Il existe une forme uniquement intellectuelle de pessimisme qui résulte à la fois d'une certaine acuité de discernement et d'une faible impulsivité. C'est alors une sorte de philosophie à la Schopenhauer qui engendre de prudentes restrictions, mais pas la moindre lypémanie. Elle consiste à discriminer positivement le réel de l'imaginaire, le certain du problématique, le possible de l'impossible, à se rendre compte de l'étendue des faiblesses humaines et des limites de la vertu, en un mot à ne demander ni aux hommes, ni à la vie autre chose que ce qu'on en peut attendre sans privilège spécial. On se déleste ainsi d'illusions charmeuses, mais on se prémunit contre les déconvenues corrélatives. Cessant de rechercher les satisfactions chimériques ou instables après lesquelles les irréfléchis s'épuisent à courir, on demande uniquement aux sources certaines de la sérénité et, dans la mesure où elles sont accessibles, les sortes de contentements qui ne déçoivent, ni n'impédimentent. Ce pessimisme, tout spéculatif, résulte d'une organisation cérébrale mieux douée pour éviter la dépression et la mélancolie que pour les ressentir.

Secondement, il faut distinguer une forme de pessimisme uniquement déterminée par l'état humoral. Dans les vieux auteurs médicaux, on trouve la description d'un type « atrabilaire » ou « saturnien » dont le moral sombre et taciturne, par suite d'un dysfonctionnement hépatique, voit « tout en noir ». En fait, il suffit d'un certain degré d'auto-intoxication pour imprégner l'esprit d'une désespérance constante, généralisée, qui s'attriste spontanément à tout propos. On vit alors dans une appréhension perpétuelle et souvent sans objet précis. Au rebours de cet optimisme aveugle dont j'ai traité au chapitre IV, le pessimisme d'intoxication s'exagère le mal, l'universalise et semble privé de la faculté d'apprécier le bien.

L'une des causes immédiates les plus fréquentes de cet état n'est autre que la fermentation intestinale, redoutable génératrice de toxines. Due généralement à de grosses erreurs, à de manifestes abus alimentaires, cette fermentation peut également résulter d'une dystrophie congénitale du côlon.

Enfin, le pessimisme apparaît souvent à la suite du heurt que les réalités ne manquent pas d'infliger à tout optimisme initial excessif. Il faut, en effet, disposer d'une organisation psychophysiologique robuste pour subir, sans en être altéré, la déception à jet continu. Trouver âpre et dur le sentier qu'on croyait agréable et facile, rencontrer l'échec brutal là où le succès paraissait assuré, constater à ses dépens que la pire catastrophe survient volontiers quand tout paraît contribuer à garantir la sécurité de l'heure, se rendre compte du caractère instable et très relatif des prédilections humaines, ce sont là des épreuves dont on ne sort paisiblement qu'à la condition d'avoir reçu ou de s'être constitué de fortes résistances.

2. — Elimination des facteurs internes

Ainsi que nous l'avons vu au chapitre VI, le besoin d'agir et l'aptitude à tirer de l'action elle-même une essentielle satisfaction doit être considéré comme l'infaillible subséquence d'un état physiologique normal. Ce besoin masque ou déborde la notion de la précarité des choses d'ici-bas. Il crée la confiance et l'espoir. Il perpétue l'impulsion, même si la confiance et l'espoir sont déçus. Si, donc, l'on veut éliminer les facteurs internes d'inhibition pessimiste, ce à quoi il faut viser avant tout, c'est à l'harmonie coenesthésique. Celle-ci doit être recherchée d'abord et défendue énergiquement comme le premier de tous les biens, la source de tous les autres et l'indispensable condition pour être à même d'en profiter.

Pour cela, chacun devrait acquérir sur la mécanique humaine des notions assez précises et présider lui-même au réglage, à l'entretien de sa propre machine. Certes, le médecin, le spécialiste, l'hygiéniste sont là pour conseiller et ils restent indispensables, mais la mise en pratique lucide et consciencieuse de leur avis nécessite un minimum de connaissances physiologiques. Faute de comprendre clairement la portée d'un conseil, on le néglige. Si le nerveux qui cherche l'explication de ses malaises dans un « livre de médecine » interprète mal ce qu'il lit, c'est précisément parce qu'il ignore la constitution, les modalités fonctionnelles et les rapports des organes malades. Par ailleurs, la représentation mentale d'une fonction contribue puissamment à créer de la répugnance pour les comportements funestes à sa vigueur.

Eclairés par l'étude et la réflexion, tous ceux qui le désirent élimineront ainsi les causes physiques du pessimisme inerte. L'essentiel à ce sujet a déjà été dit dans ce livre.

Restent les causes psychiques. La principale — on l'observe invariablement — c'est la conception *pénible* de l'effort. Si l'on considère comme désagréable par définition le fait d'œuvrer, d'évertuer ses facultés et ses énergies, dès que la résistance s'accuse, se prolonge, le découragement apparaît. L'objectif semble moins attrayant. L'inertie s'installe et l' « à-quoi-bonisme » — ce stupéfiant moral — vient corroder l'énergie. Si, au contraire, on sait apprécier le plaisir inséparable de l'effort lui-même et que l'on soit bien pénétré de l'idée que plus on agit plus l'action deviendra aisée et puissante, on accepte toujours volontiers de peiner davantage ou plus longuement qu'on ne l'escomptait.

Certaines dispositions psychologiques, dans l'élaboration desquelles le jugement a plus de part que la volonté, contribuent aussi à déterminer les spontanéités antithétiques du pessimisme. Savoir exactement ce que l'on veut, pourquoi on le veut et quels avantages personnels immédiats ou différés on en tirera ; choisir un objectif exclusivement salutaire et substantiel, en harmonie avec sa propre personnalité, sans se laisser influencer par aucune considération de vanité ou d'approbativité ; concentrer toute l'activité, tous les moyens dont on dispose sur cet unique objectif, rien n'est plus favorable à un optimisme joyeusement laborieux.

L'envie — qui paralyse les bonnes volontés et disperse sans effet utile les ressources morales — doit être considérée comme un des pires facteurs de découragement et d'auto-désorganisation, pour ne rien dire des sottises qu'elle peut faire commettre. Que chacun s'assure le maximum d'avantages parmi ceux qu'il est capable d'apprécier pleinement, rien de mieux. Mais que de choses enviées parce qu'un autre les possède — ou parce qu'il ne les possède pas — alors qu'elles ne représentent rien d'indispensable ni même de très appréciable. Positivement, au milieu des fallacieuses lueurs d'ici-bas, un esprit réfléchi discerne cinq éléments primordiaux faute desquels le reste — toujours secondaire — ne sert à rien. Ce sont, par ordre d'importance, la santé, la lucidité d'esprit, l'énergie, le savoir et la sécurité. Organisons-nous de manière à obtenir de ceci la plus forte proportion compatible avec nos capacités initiales (lesquelles peuvent être accrues par l'entraînement), il ne nous restera rien que de très négligeable à désirer. Si l'envieux devait payer cinq francs par heure qu'il passe à jalouser le sort d'X... ou d'Y..., il préférerait, sans nul doute, s'abstenir. Cependant il paie beaucoup plus cher. Il gaspille sans profit ce qu'il a de plus précieux, ce qui ne s'achète ni avec de l'or ni avec du diamant : l'activité cérébrale, source initiale de tout, et le temps — le temps que notre courte durée nous mesure si strictement. Utilisons pratiquement notre temps et notre énergie sans nous laisser distraire le moins du monde par la convoitise des biens d'autrui ou de ce que nous supposons tel.

3. — L'humanité

Chez le philosophe, le pessimisme à l'égard de l'humanité s'équilibre d'une indulgence proportionnelle, car les imperfections de l'homme lui paraissent autant de fléaux qui postulent la commisération plus encore que le blâme. Il sait que la plupart des méfaits que l'être humain inflige à son semblable sont autant de manifestations d'une avidité aveugle et désordonnée, laquelle résulte d'une indigence de discernement qui détermine, automatiquement, la répression des fautes qu'elle suscite.

A part de très rares individualités en parfait équilibre moral dont les pensées et les actes se soucient primordialement d'équité, l'être humain n'a d'autre loi que son égotisme. Consciemment ou inconsciemment, il cherche à satisfaire ses appétences matérielles, sa sensibilité et ses inclinaisons intellectuelles. Que vous considériez les directives générales de sa vie ou chacune de ses actions en particulier, vous ne tarderez jamais à découvrir que le mobile foncier est invariablement une tendance cherchant satisfaction. Gardons-nous donc d'escompter que quelqu'un nous sera utile ou agréable s'il n'y trouve pas lui-même — à un point de vue cérébral ou affectif ou matériel — agrément ou utilité, et si nous désirons qu'il en soit ainsi, agissons en conséquence. Tenir compte des égotismes d'autrui ; distinguer ceux avec lesquels les nôtres peuvent s'harmoniser ; se prémunir contre ceux qui peuvent avoir des résultats funestes, tout est là.

Il ne suffit pas de justifier, de mériter les bonnes dispositions à notre égard de ceux qui nous entourent pour se croire certain de les obtenir : il faut encore que ces dispositions soient compatibles avec la nature de l'individualité en question. Obligeriez-vous avec insistance un être dépourvu de coordination psychique, toute gratitude ne lui restera pas moins impossible, puisqu'il manque des qualifications génératrices de ce sentiment. Si, donc, la réciprocité vous importe, analysez soigneusement le caractère des gens avant de préciser votre attitude à leur égard.

Dans son intégralité prototypique, l'individualité humaine exprime cinq séries de manifestations : végétatives, sensitives, réalisatrices, intellectuelles et spirituelles. La végétativité donne lieu aux avidités instinctives, la sensibilité aux émotions et aux sentiments particuliers, l'activité aux réalisations, l'intellect aux conceptions et spéculations, la spiritualité à la conscience des connections de toute chose avec l'ordre universel. Selon que l'un ou l'autre de ces cinq genres de manifestations prédomine, la valeur qualitative individuelle varie. On peut observer, par exemple, des types uniquement végétatifs desquels on ne saurait attendre que des réactions quasi animales. Chez d'autres, c'est la sensibilité qui prédomine : leurs sentiments les préoccupent avant tout, au point d'obnubiler leur jugement et d'anesthésier leurs viscères. La majeure partie de nos contemporains se caractérise par un type mixte à prédominance mi-végétative, mi-sensitive. D'autres paraissent vivre dans l'unique préoccupation d'entreprendre et d'agir ; leurs affections comme leurs besoins passent au second plan et le domaine spéculatif leur demeure fermé. Puis, nous trouvons des types à prédominance intellectuelle. Chez ces derniers il peut y avoir de l'ascétisme ou du sensualisme, de la sécheresse ou de l'impressionnabilité excessive alors que les facultés de compréhension, la capacité de connaissance et l'envergure psychologique s'épanouissent magnifiquement. Enfin, quand la super-conscience s'ouvre (1), le physique devient un simple véhicule, la sensibilité, libérée des relativités, s'universalise, l'intellect s'oriente fixement vers la vérité, et la volonté de rectitude absorbe tout l'être.

Certes, les types que nous rencontrons journellement ne semblent pas aussi nettement différenciés ; la plupart sont mixtes, mais, à l'aide de ce qui précède, le lecteur se rendra aisément compte, pour chaque individu, des prédominances qui le caractérisent. S'exercer ainsi à définir ceux qu'on a l'occasion d'observer suffisamment me paraît le meilleur antidote, *a priori*, du pessimisme. On acquiert aussi, grâce à cet entraînement de l'attention, quelque sagacité et on s'épargne ainsi nombre de déboires et de déconvenues déprimantes.

N'oublions pas, cependant, que la plus admirable pénétration a ses limites et que les êtres qui semblaient le mieux justifier notre confiance peuvent nous mécontenter gravement. Avons-nous agi à leur égard d'une manière rigoureusement irréprochable ? Nous sommes, du moins, assurés, dans ce cas, d'un contentement qui ne dépend que de nous : celui de notre propre conscience.

4. — La vie

Vivre est un fait qu'il faut bien accepter. Quels que soient les griefs que nous ressentions contre un monde gouverné par des

1. Voir, du même auteur : « *Science occulte et Magie pratique* ». (Editions Dangles.)

lois dont beaucoup sont pénibles, l'idée de durer jusqu'à extinction progressive du vitalisme s'accepte plus volontiers que celle d'une autodestruction volontaire. L'idéal consiste à s'adapter le mieux possible aux conditions de l'existence, à peu près comme on s'ingénierait à tirer le plus adroitement parti d'un domaine, quelles que soient ses défectuosités.

Nous avons affaire à deux déterminismes : le premier, interne, au dedans de nous ; l'autre, externe, qui régit le phénoménisme extérieur. Commençons par le premier, plus immédiatement accessible que l'autre à notre volonté, et apprenons à régner sur nous-même en nous rendant maître de toutes nos spontanéités. Cet initial résultat nous soustrait d'emblée à une quantité considérable d'influences extérieures qui eussent agi sur nous en réactionnant notre impulsivité.

Ne pouvant rien changer au phénoménisme extérieur lui-même, nous avons cependant la ressource, au moyen d'une observation attentive, de saisir ses lois essentielles et d'en tirer parti. Cette investigation ne manque d'ailleurs pas d'attrait et elle en ajoute à la vie elle-même. Au jeu comme au travail, mieux on a pénétré les mécanismes de la partie, plus elle semble intéressante. Une vision lucide des causalités, dont les effets passent chaque jour sous nos regards et auxquelles nous sommes subordonnés, alimente si richement la pensée qu'elle bannit à jamais — fut-ce dans la solitude — l'ennui et la monotonie.

Autour de chacun s'agitent des éléments et des individualités adverses. D'autres, favorables, s'y trouvent également. Admettons que, jusqu'ici, vous ayez plutôt souffert de l'hostilité que bénéficié de la faveur. Votre confiance a été trahie, vos sentiments méconnus ou dédaignés, vos entreprises ont échoué, les circonstances elles-mêmes ont paru résolues à vous accabler. Vous en tirez la conclusion que certains ont mal agi à votre égard et que vous avez eu de la malchance. C'est exact, mais ne vous arrêtez pas là. Ajoutez : *« Désormais, je redoublerai de circonspection dans le choix de ceux qui doivent ensuite, à un titre quelconque, faire par-*

tie de ma vie. Je redoublerai également d'attention, de méthode, de fermeté et d'activité dans mes affaires, puisque je sais que je ne puis pas compter sur la chance. »

5. — Le point de vue social

Etant donné l'égoïsme individuel, il n'y a pas lieu de s'étonner quand on se rend compte que tout collectif, organisé ou non, s'aggrège et subsiste sous le règne de la loi du plus fort. Les constitutions sociales modernes restreignent, évidemment, les manifestations les plus brutales et les plus visiblement barbares de cette loi, elles tempèrent par des mesures palliatives, ses excès les plus cruels, mais, hélas ! là s'arrête, encore aujourd'hui, la *civilisation.*

Dans toute nation, chacun des quelques milliers d'hommes, soit assez fortement doués, soit assez largement crédités pour s'assurer, à un titre quelconque, l'initiative de régenter la production ou la consommation, s'adjuge, bien entendu, le maximum possible de propriété compatible avec son degré de puissance. A chacun des quelques millions d'autres, l'oligarchie régnante s'accorde à concéder ce minimum en deça duquel cesserait la possibilité du servage.

Triplez, décuplez, centuplez le nombre de ceux qui possèdent des moyens individuels de puissance, — c'est-à-dire de l'envergure cérébrale, du savoir et de la volonté — et vous aurez triplé, décuplé, centuplé le nombre de ceux avec l'avidité desquels il faut compter. La diffusion de la culture psychique contribue donc mieux et plus que toutes les fanfares démagogiques à l'avènement d'un état social équitable.

Entre un capitaine d'industrie moderne et le dernier de ses manœuvres, il n'y a plus la différence radicale qui séparait le niveau du patricien romain de celui de ses esclaves (2). C'est que le manœuvre a appris dans une certaine mesure à penser, à vouloir et à s'organiser, alors que l'esclave ne savait encore que plier. Et c'est, au fond, l'unique raison de la mesure que le maître, aujourd'hui, se trouve contraint d'apporter à ses exigences. A mesure que le niveau psychologique du plus grand nombre s'élève, leur efficience s'accroît et leurs dirigeants composent de plus en plus largement avec eux.

Se désoler de l'état actuel en général ou des inconvénients personnels qu'il nous impose en particulier ne saurait rien améliorer. Que chacun songe à fortifier par lui-même ses moyens d'action, à constituer une entité sans lacunes et ses initiatives se frayeront un chemin. La diffusion des connaissances nécessaires au développement des forces individuelles, en multipliant, au sein des masses, les fortes personnalités, concourt plus puissamment que les doctrines sociologiques le mieux conçues à l'avènement d'une plus juste répartition des biens d'ici-bas.

6. — Le sort

L'une des causes fréquentes de pessimisme est la conviction de certains qu'un mauvais sort s'acharne personnellement sur eux. Cette illusion s'explique et se dissipe tout à la fois si l'on considère que la majorité des humains sont à prédominance végétativo-sensitive et, par conséquent, passive (voir page 102). Il est certain que la fatalité règne souverainement sur le plan des instincts, sur celui des spontanéités affectives et qu'il faut émerger de ces deux plans et atteindre le troisième — c'est-à-dire celui de

2. L'esclave romain brisait-il, par mégarde, une coupe ? Si tel était le bon plaisir de son maître, cette maladresse valait au malheureux d'être jeté vivant en pâture aux murènes du vivier. Malgré les négateurs du progrès, les temps semblent quelque peu changés...

la conscience psychologique — pour être à même d'opposer aux divers déterminismes une volonté délibérée par un discernement lucide. La mesure dans laquelle votre pensée réfléchie gouverne en vous-même les impulsions instinctives, émotives et imaginatives marque la mesure dans laquelle vous êtes à même de surmonter les fatalités. Ces dernières ne s'imposent d'ailleurs irrésistiblement qu'à ceux qui vivent dans un aveuglement complet, dans une inconscience analogue à celle des entités minérales, végétales et animales. Or, la lucidité et la fermeté du psychisme ne dépendent pas uniquement de ses conditionnements primitifs, mais des efforts accomplis en vue de les améliorer.

Qui que vous soyez et quel que soit présentement votre sort, détournez-vous des voix qui suggèrent l'inertie et le désordre. Si faible soit-il, vous êtes capable d'un effort, puis d'un autre plus accentué. Concentrez toute votre attention sur cette possibilité libératrice et *agissez.* L'homme le plus déshérité peut regarder en avant avec confiance dès qu'il arrive à considérer l'effort non comme l'ennemi, mais comme *le sauveur.*

7. — Le point de vue métaphysique

Les déceptions parfois cruelles que rencontrent ceux qui préfèrent s'attarder aux illusions que scruter les réalités trouvent souvent un adoucissement fort appréciable dans l'espoir qu'un monde meilleur leur dispensera quelque jour, les joies que celui-ci leur a refusé et qu'ils y retrouveront ceux dont ils ont été séparés. D'un autre côté, l'instinct de la conservation réagit plus volontiers à l'idée d'une survie qu'à la perspective d'une dissociation. Durant la deuxième partie du XIXe siècle, un scientisme aussi présomptueux qu'impitoyable a cru devoir projeter le souffle du doute et de la négation sur les humbles phares où brillait l'espérance ultime des affligés.

En vérité, tous les espoirs restent permis, au nom même du positivisme, puisque personne, en l'état actuel des connaissances humaines, n'est fondé à affirmer ou nier quoi que ce soit en dehors du domaine concret.

Par un curieux retour des choses d'ici-bas, le dernier mot des métaphysiciens de l'heure est nettement orienté vers le finalisme.

Que ceux dont la pensée s'harmonise avec une doctrine spiritualiste n'hésitent donc pas à y chercher la sérénité. Tout ce qui aide l'homme à faire en lui-même de l'ordre et de la paix concourt à son évolution et ne saurait, ni rationnellement, ni équitablement lui être contesté. Le retour aux études hermétiques (3) marque bien que cette manière de voir tend à reléguer, avec tant d'autres notions périmées, le matérialisme dogmatique.

---

3. Voir : « *Science occulte et Magie pratique.* » Même auteur. (Editions Dangles.)

CHAPITRE XII

Les contrariés

1. — Les contrariétés qui dépriment

Quantité de menues contrariétés parsèment nos journées ; il est rare qu'un an s'écoule sans quelque gros ennui ; enfin, quelle existence d'environ un demi-siècle est sauve d'une ou plusieurs fortes secousses ? Toute la vigilance et toute l'habileté du monde ne peuvent prévenir qu'un nombre limité des heurts en question, mais leurs effets sur chacun dépend considérablement de son attitude mentale. Ainsi, dès qu'un nerveux, irritable et sensitif, se conforme aux indications données dans les premiers chapitres de ce livre, la plupart des petits incidents désagréables qui suffisaient autrefois à le désorganiser pour plusieurs heures, voire plusieurs jours, n'entament plus guère sa tranquillité.

Considérons maintenant ceux que le découragement paraît avoir définitivement anéanti à la suite de quelque malheur. De certains, les ambitions furent déçues, leurs projets avortèrent malgré une ténacité que l'accumulation des échecs battit peu à peu en brèche. D'autres subirent, après des années d'opulence, la ruine et la médiocrité. Et que de braves gens, séduits par quelque corsaire, se voient brutalement frustrés du produit d'un labeur de trente années, tant il est vrai que, sans un certain degré de discernement, toute sécurité est illusoire.

L'ingratitude, l'injustice, l'animosité affectent si profondément certaines natures qu'elles sombrent dans l'obsession. Comme presque toutes songent plus à récriminer qu'à rechercher quelles défectuosités de jugement ou d'attitude contribua à leurs déboires, comme beaucoup croient leur mérite ou leur valeur indiscutable, on les assimile volontiers à ces paranoïaques dont parlent les traités classiques.

Dans un autre ordre de faits, il y a les contrariés de la vie intime, inconsolables d'un refus, d'une rivalité, d'une rupture. Le deuil, s'il assombrit, conduit plus rarement qu'il ne semblerait à la désespérance. On l'interprète généralement d'une manière plus saine que les autres afflictions, sans doute parce que, dès l'enfance, les événements familiarisent notre esprit avec le manque d'égard de la mort pour la jeunesse et l'affection.

Enfin, il y a les contrariés à l'état latent, ceux qui ont dû refouler, depuis de longues années, soit des aspirations insatisfaites, soit des mécontentements dissimulés par civisme et subis par contrainte. Maints tics, maintes phobies, maintes crises convulsives, pour ne rien dire des manifestations délirantes, expriment ces désordres cachés.

2. — De l'échec

Quel qu'il soit et si pénibles que puissent être ses conséquences, aucun échec ne sera total et définitif si vous ne lui permettez pas de vous ravir votre confiance en vous-même et de paralyser votre activité. Du moment où vous réussissez à rester maître de ces dernières, vous faites échec à lui-même en éludant le plus grave de ses possibles effets.

De deux choses l'une : ou il est dû à une déficience de votre part, à une insuffisance de jugement, d'assiduité, de circonspection, de méthode, etc., ou, si vous vous sentez rigoureusement sûr de ne rien avoir négligé, c'est à une fortuité malencontreuse qu'il convient de l'imputer. Dans le premier cas, vous savez que vous pouvez réussir si vous recommencez en redoublant d'application ; dans le second, n'oubliez pas que les plus entreprenants et les plus habiles enregistrent nécessairement une proportion de revers parmi leurs réussites. Loin de vous tenir pour battu, ralliez vos moyens d'action et contre-attaquez.

N'oubliez pas non plus que la clé majeure du succès, en quoi que ce soit, est l'aptitude convenable. Il s'est trouvé un homme pour dire que n'importe qui était apte à n'importe quoi. Il eut tout aussi bien pu prétendre que n'importe quel outillage convient à n'importe quel genre de travail. Les facultés de chacun représentent une sorte d'outillage plus ou moins perfectible, plus ou moins riche, plus ou moins souple, mais, en tout cas, mieux qualifié pour certaines besognes que pour toutes les autres.

D'autre part, sans une connaissance approfondie de tout ce qui se rapporte à son entreprise, sans une documentation non seulement théorique mais vécue, l'activité du mieux doué manque d'une orientation sûre.

L'inventaire précis, détaillé, objectif de vos capacités, la subordination du choix de votre partie à cet inventaire, le soin apporté à l'acquisition des connaissances relatives à ce que vous voulez faire équivalent à une assurance contre l'échec. Muni de tout ce que comporte cette assurance, l'homme le plus judicieux doit encore compter avec l'imprévisible et perd quelquefois la partie, mais il gagne la suivante ou l'une des suivantes et, comme il aime la besogne où l'on excelle, il se remet volontiers à l'œuvre.

Le délabrement moral qui suit l'insuccès s'aggrave si on se disperse ; il s'atténue et disparaît si l'on se concentre. Pour récupérer dans un bref délai toutes ses dispositions combatives, il faut que l'intéressé surmonte avant tout le sentiment d'approbativité qui l'incite à se soucier de ce que l'on pense de lui, qui lui donne l'appréhension d'être jugé inférieur parce qu'il n'a pas réussi. Examinez-vous consciencieusement. Rendez-vous, *à vous-même,* un compte sincère et précis des infériorités et des négligences qui contribuèrent à votre échec. Entreprenez de vous surveiller, de fortifier vos points faibles par un effort incessant et de contrôler sérieusement vos impulsions de toute nature. Commencez immédiatement. Si vous faites ainsi, soyez pleinement rassuré sur votre valeur : vous vous montrez supérieur à 90 % des individualités ambiantes et, notamment, à plusieurs parmi celles dont les appréciations vous affectent. Souciez-vous de justifier *votre* propre estime, et l'avis des gens qui sacrifient à la vanité d'épiloguer sur vos faits et gestes vous paraîtra insignifiant. Ne vous ingéniez pas à démontrer que vous n'avez rien à vous reprocher et que votre insuccès doit être considéré comme une fatalité que les circonstances expliquent. Reconnaissez froidement les faits au sujet desquels votre susceptibilité s'alarme sans vous laisser aller à implorer indirectement, par un plaidoyer plus ou moins habile, la continuation de l'estime d'X... ou d'Y...

Que rien ne distraie votre pensée de l'unique souci d'aborder à nouveau la difficulté qui vous a arrêté et d'en triompher. Ne vous éternisez pas non plus sur des comparaisons dépréciantes. Qu'un tel ait réussi, en se jouant, là où vous avez failli malgré toute votre ingéniosité, et que cela vous induise à déplorer que vos facilités n'égalent pas les siennes, c'est là un ordre de considérations à parcourir une fois pour toutes sans y revenir. Excluez l'envie des avantages personnels d'un autre, car ce souci, parasite de votre temps et de votre énergie, ne changera ni sa valeur, ni la vôtre. Préoccupez-vous uniquement de développer vos propres capacités dans la plus large mesure possible. Quand votre application exerce et fortifie votre vigueur mentale, votre fécondité conceptuelle ou réalisatrice, quand vous avez ainsi, par un courageux effort, agrandi, à la suite d'un échec, les limites de vos possibilités, considérez-vous comme autrement favorisé que ceux de vos compétiteurs qui s'endorment sur leurs lauriers. De durs commencements, pourvu qu'on ne se rebute pas, sont mille fois préférables aux douces facilités : c'est à leur contact que se forgent les âmes d'acier, celles dont, plus tard, la sérénité défiera les plus furieux ouragans et les pires cruautés de la vie.

Il n'est pas de défaite dont vous ne puissiez tirer, par l'obligation même où elle vous place de réagir, un contentement âpre, mais viril et capiteux si seulement vous vous êtes résolu à placer à la cime de vos idéaux celui de devenir une forte personnalité. Ne craignez pas, en cultivant l'énergie, de perdre la sensibilité, car si vous conquérez ainsi, pour vous-même, l'impassibilité, vous n'en serez que plus sensible aux misères de la faiblesse et plus capable aussi de leur être utile.

3. — Les débâcles

On entend dire : « *Je suis ruiné.* » « *J'avais d'opulentes ressources, j'ai tout perdu.* » « *J'occupais une situation considérable, me voilà réduit au plus médiocre salariat.* »

Ainsi il ne vous reste RIEN ?

Si, cependant, il vous reste VOUS-MEME, votre capital-intelligence, votre capital-connaissances, votre capital-activité.

Que pensez-vous tirer de vous-même présentement ? Comment élargir graduellement vos possibilités ? Comment créer à nouveau l'équivalent de ce que vous regrettez ? Visez avec persistance cette cible concentrique. Etreignez, comme une bouée, tout travail, toute fonction de nature à vous assurer le strict essentiel. Partagez votre loisir entre une alternance de détentes isolées et de séances méditatives où vous examinerez lucidement toutes les caractéristiques de votre position, tous les genres de tâches que vous pourriez assumer, toutes les sortes d'entreprises par quoi vous pourriez ressaisir l'extrémité du fil qui conduit vers des régions plus attrayantes. Vous vous préparerez ainsi à discerner la première opportunité qui passera à votre portée. L'occasion se présente plus fréquemment qu'on ne le pense, mais l'esprit somnole et ne voit rien. Que le vôtre reste en éveil, à l'affût, et vous reprendrez pied sur le côté ascendant de la roue du destin (1).

Si « intéressant » que soit votre cas, réprimez inflexiblement toute propension à l'exposer en vue d'apitoyer les gens sur votre sort. L'expansivité dilue le dynamisme intérieur et désagrège la synthèse mentale. Gardez intactes vos réserves énergétiques. Que rien n'entame la densité de votre concentration. Alors, chaque jour enlèvera à votre présente condition quelque chose de sa dureté : si vous ne vous laissez pas entamer, c'est vous qui l'entamerez immanquablement.

L'application de ces principes a réussi de merveilleux redressements. Le héros d'une de ces batailles nous a d'ailleurs avoué que seules les premières semaines l'avaient douloureusement meurtri, et que cela eût été beaucoup mieux supportable s'il avait réussi à se libérer dès le début de l'humiliation qu'il ressentait à l'idée de ne plus pouvoir figurer luxueusement parmi les fantoches du carnaval mondain.

4. — Les griefs

D'autres vous ont causé du tort et vous ont fait souffrir. Ne les imitez pas : épargnez-vous la perpétuelle tristesse de ruminer leurs agissements. Tâchez plutôt de tirer parti des faits. Il s'en dégage deux enseignements suggestifs :

D'abord, vous constatez l'importance de savoir diriger sa pensée et d'en fermer l'accès aux souvenirs pénibles. Ceux-ci vous envahissent du matin au soir et même la nuit. Ils troublent votre activité, assombrissent vos loisirs, agitent votre repos. Vraiment, leur rôle s'affirme plus détestable encore que celui des méprisables individus dont vous avez à vous plaindre. Voulez-

1. Voir : « *Science occulte et Magie.* » Même auteur. (Editions Dangles).

vous rester maître de votre esprit ? Voulez-vous faire la loi en vous-même ? Décidez alors, résolument, d'oublier vos griefs, de les reléguer aux compartiments les plus profonds de votre mémoire. Puis, appliquez-vous à vous concentrer sur chaque chose que vous faites. Quand vous travaillez, absorbez-vous dans votre travail et chaque fois qu'une idée étrangère à ce dernier se présente, commandez-lui fermement de s'en aller, refusez-lui votre attention. Les premiers jours, cette autorité inusitée contrariera peut-être votre inconscient ou vos nerfs qui vous le feront sentir en vous agitant. Ne leur cédez pas : continuez. Ils sont là pour vous servir et non pour vous asservir. Ayez pour chaque moment de la journée un plan précis, et dévouez-vous successivement corps et âme à chaque besogne, à chaque délassement prévu. Avant de vous endormir, imprégnez-vous de calme au moyen de quelque lecture paisible. Ensuite fermez vos yeux, détendez soigneusement vos muscles, jusqu'à ce que vous vous sentiez immobile et lourd comme une masse de plomb. Dès cet instant, que votre conscience entière soit « sommeil », « profond sommeil », « bien-être du repos », « restauration physique et morale dispensée par le sommeil », etc. Avec un peu d'entraînement, la pensée volontaire s'impose très facilement à celles que tendent à déterminer les automatismes.

Y a-t-il des satisfactions pour l'appréciation desquelles vous soyez particulièrement organisé ? Choisissez-les pour vos jours de liberté et appliquez-vous à en extraire tout le charme. Si possible, apprenez quelque chose de nouveau afin de rénover les éléments de votre psychisme. Enfin, puisez dans un traité ou dans un cours de culture mentale des indications et des exercices grâce auxquels vous acquerrez une liberté d'esprit de plus en plus manifeste.

Seconde conclusion à tirer de vos ennuis : prémunissez-vous contre de nouvelles amertumes en prenant soin d'analyser minutieusement l'intelligence, la sensibilité et la volonté des personnes à qui vous avez affaire. Pour cela, prenez l'habitude d'observer et de réfléchir vos observations à l'aide des données de la psychologie. Vous serez particulièrement bien armé si vous vous assimilez une ou plusieurs des méthodes d'investigation caractérologique, telle que la physiognomonie, la chirologie et surtout la graphologie. Initiez-vous à ces questions, par elles-mêmes très intéressantes, ceci dans le plus grand secret afin de ne pas donner l'éveil et de lire, sans qu'un masque vous égare, à travers les apparences et les spontanéités.

5. — L'amour déçu

Tous les aveuglements de l'émotivité et des instincts d'une part, toutes les suggestions erronées de l'éducation d'autre part : tels sont les formidables éléments qu'il faut surmonter pour éliminer les contrariétés amoureuses. On conçoit que la raison ait peu de prise sur de tels complexes, mais, si faible que soit son influence, elle reste l'unique antidote connu. Aussi bien doit-on y avoir recours pour peu qu'on préfère l'apaisement aux inutiles révoltes.

Comme la plupart des déboires intimes sont dus à une méconnaissance des Lois du phénoménisme amoureux ou à une insuffisance d'influence personnelle, souvent à ces deux causes réunies, chacun devrait se poser, avant tout, ces deux questions :

— « *Est-ce que je possède le savoir, les ressources et les qualifications qui permettent d'inspirer ou de perpétuer l'amour quand cela ne se produit pas spontanément ?* »

— « *Ai-je utilisé tous les moyens susceptibles d'influer sur les dispositions de cette individualité à mon égard ?* »

Dans la négative, voyez mes précédents ouvrages relatifs à la question (2).

---

2. « *Psychologie de l'Amour* » et « *Comment développer votre charme personnel.* » (Editions Dangles).

Dans l'affirmative, vous concluez naturellement qu'il n'y a plus rien à espérer et que, bon gré mal gré, il vous faut supporter d'être refusé, préféré ou délaissé.

Mais la mesure dans laquelle vous en souffrirez dépend directement de votre volonté. Il fut un temps où vous ne connaissiez pas encore la personne dont l'image vous tourmente. Eh bien ! si étrange que cela vous paraisse, vous pouvez faire qu'elle vous soit bientôt aussi indifférente que la veille du jour où vous l'avez rencontrée. Pour cela, rejetez l'idée que vous ne pourrez pas l'oublier ; cessez de vous suggérer que vous voilà condamné à un éternel chagrin et abstenez-vous de vous imaginer plus longtemps que rien ne peut remplacer ce qui se refuse aujourd'hui. Rappelez-vous ce que vous aimiez avant le début de votre rencontre, le genre d'intérêt que vous preniez à la vie, les mille et une satisfactions dont vos préoccupations vous ont détourné depuis, vos projets délaissés, vos relations négligées, etc., etc., et il vous semblera retrouver un monde perdu.

Pour calmer le dépit, le froissement d'amour-propre qui avive souvent plus que tout le reste les déceptions amoureuses, dites-vous que parmi les plus haut placés, les plus intelligents et les meilleurs d'entre les humains, les infortunes de ce genre sévissent comme ailleurs.

Aveugle et inconstant, Eros se joue de nous, contrarie les puissants avec la même désinvolture que les humbles et suscite aussi volontiers le désespoir des souveraines, que les larmes des bergères. Que de fois il se détourne d'un génie pour combler un ilote ; il accorde à la laideur ce qu'il refuse à la beauté et se dérobe à la bonté pour enlacer la sécheresse. Aucune créature tant soit peu réfléchie ne devrait donc se dépiter d'être dédaignée ou quittée.

Quand il s'agit d'un caprice purement physique, le salut dépend entièrement de la clarté avec laquelle on arrivera à se représenter l'espèce de duperie inséparable des tentations charnelles les plus captivantes. Dans quelque cas que ce soit, l'assouvissement est infiniment loin de tenir ce que l'imagination promettait. Et à ceux qu'une nature ardente condamne au tourment du perpétuel désir, il reste les possibilités libératrices de l'amour différentiel, dissociateur magistral des obsessions individualisées.

Si le sentiment prédomine, l'illusion à dissiper se précise soit par la conviction que seul l'être aimé dispenserait la qualité d'affection qu'on désire, soit que celle qu'on lui porte surpasse en excellence le maximum de ce qu'il pourra inspirer à quelqu'un d'autre. Cependant, le fait que le sujet ne manifeste pas à votre égard la tendresse qui vous comblerait montre bien que, contrairement à ce que vous pensez, il en est incapable *envers vous.* L'espèce d'amour qu'il peut ressentir et que vous n'avez pas réussi à déterminer ne surgira donc qu'au contact d'une individualité strictement différente de la vôtre. Et si l'objet de vos élans reste indifférent devant la manifestation d'une idolâtrie aussi superlative que celle qui vous consume, cette dernière ne saurait le rendre heureux puisqu'il se montre aussi insoucieux de sa valeur. Ce raisonnement ne vous console guère. Nous ne lui en demanderons pas autant ; qu'il suffise à vous faire comprendre que vous avez tout lieu de détourner résolument votre esprit d'une personne dont le cœur est aussi lointain du vôtre, et le pas décisif sera franchi.

Il ne vous restera alors qu'à suivre les indications que j'ai déjà données à propos des griefs et de leurs auteurs.

Dans le cas où l'amour se détourne par lassitude ou rivalité et après application consciencieuse des ressources du psychisme expérimental (3), après avoir bien compris que l'obtention de la préférence n'implique pas la supériorité, il faut se rappeler que certains d'entre nous évoluent, que l'âge et les circonstances modifient graduellement leurs tendances, diminuant parfois leur sensibilité à nos attraits pour l'ouvrir à ceux d'une autre per-

3. Voir : *« L'influence à distance, la transmission de la pensée et la suggestion mentale. »* Même auteur. (Editions Dangles).

sonnalité. Cherchez donc, à l'aide du principe de la concentration volontaire de l'esprit, quelque puissant dérivatif et, si possible, songez quelquefois à construire pour votre sérénité, des fondations qui ne dépendent de personne. Tâchez de vous convaincre du caractère désastreux d'un état d'âme qui vous met à la merci des dispositions morales d'un être, si appréciable soit-il.

L'accoutumance à certaines impressions journalières en crée le besoin : cela s'appelle l'attachement, et l'on souffre quand la source des impressions en cause disparaît. Un changement radical de vie, de résidence, de milieu, constitue alors la plus sûre thérapeutique car elle jette dans la balance un poids équivalent : l'attrait de la nouveauté.

Enfin, n'oubliez jamais que, comme l'hiver lugubre et froid annonce et prépare l'enchantement printanier, l'esseulement des amours défuntes prélude, pour peu qu'on s'y prête, au retour des illusions et des joies de l'amour naissant.

6. — Les deuils

Ici, nous devons nous incliner. Le souvenir, une occupation absorbante et la patine du temps apaiseront plus ou moins vite et plus ou moins profondément selon que l'auto-contrôle et le stoïcisme auront été, antérieurement, cultivés ou négligés. Mais, ainsi que je le notais page 108, l'espoir reste permis. La persistance de l'entité pensante après la mort constitue une hypothèse positivement soutenable et philosophiquement plus probable que l'autre. Elle mérite, en tout cas, qu'on l'examine et qu'on la médite. Les regrets n'y trouveront qu'adoucissement et la vie intellectuelle en sera enrichie.

Si l'exclusivisme ombrageux et la prétention excessive des doctrines dogmatiques ont provoqué, au siècle dernier, une réaction à tendance néantiste, les faits s'accumulent chaque jour qui réhabilitent le spiritualisme, débarrassé des fatras doctrinaux. Il suffit, pour s'en convaincre, de prendre connaissance des travaux publiés en ces dernières années par les spécialistes *scientifiques* de la question et, en particulier, par le Dr GELEY.

Le doute subsistera sans doute longtemps encore — plus longtemps que nous — du moins au point de vue rationnel. Si cependant l'âme humaine est bien une entité — contrairement à l'avis de ceux qui en font une résultante — ses réceptivités propres à la connaissance peuvent être développées par certains entraînements. C'est ce qu'affirment le yogisme, l'hermétisme et le théosophisme. L'adepte de ces enseignements doit conquérir la certitude en se conformant aux disciplines qui ouvrent l'âme à la perception des réalités invisibles. Les phénomènes de l'intuition, les métagnomies, les actions mento-mentales vont à l'appui des théories précitées sur lesquelles il appartient à chacun de se former une appréciation. Il appert, en définitive, que la question *post mortem* n'a nullement été close par les dogmatisants du matérialisme.

7. — Les refoulements

Toute tendance, normale ou morbide, inconsciemment refoulée, tend à engendrer des troubles psycho-physiologiques qui vont du simple malaise à l'impulsion frénétique. En présence de ces manifestations pathologiques, il convient donc de songer à la cause possible que nous indiquons et d'avoir recours à la psychanalyse dont l'objet est de rechercher le complexe causal et de le dissocier en l'extériorisant. Mieux vaudrait prévenir que guérir. Aussi les nerveux doivent-ils (eux surtout), éviter de se dissimuler l'origine de leurs impressions et de leurs avidités quelles qu'elles soient. Ils doivent, au contraire, les scruter, les définir par l'introspection et se défaire consciemment, par un effort graduel et réfléchi d'auto-contrôle, des penchants excessifs ou anormaux qu'ils se découvrent. L'autosuggestion et la suggestion raisonnée permettent d'entreprendre et de mener à bien toute rééducation.

La genèse de la plupart des déséquilibres par refoulement se situe aux alentours de la puberté. On veillera donc à éclairer à temps et avec la plus grande netteté, les adolescents et à orienter, après les avoir clairement dégagées, leurs impulsions génésiques.

CHAPITRE XIII

Anxieux, scrupuleux et obsédés

1. — Le terrain

On sait que les phobies, obsessions, scrupules et autres manifestations anxieuses, résultent à la fois d'une cause prédisposante — le terrain — et de causes déterminantes accidentelles, variables.

Par terrain, il faut entendre ici tout état de débilité psychonerveuse qui diminue la résistance normale à l'émotion. Quand il s'agit de débilité congénitale profonde, comme c'est le cas pour les grands hérédos alcooliques, spécifiques ou arthritiques, l'inefficacité fréquente des tentatives rééducatrices n'a rien de surprenant, mais leur essai énergique ne s'en impose pas moins, car l'hérédité saine de l'un des ascendants peut fournir des éléments de réaction très efficaces contre les troubles issus des dégénérescences transmises par l'autre. D'ailleurs, l'éducation psychologique réussit, dans nombre de cas, à fortifier des individus lourdement affligés.

En dehors du facteur héréditaire, il en est une foule d'autres toujours accessibles à l'effort bien conduit, dont la présence suffit à désordonner l'émotivité et à troubler les mécanismes cérébraux. Tels sont le sédentarisme excessif, le surmenage, les excès, l'insuffisance respiratoire, l'intoxication gastro-intestinale. D'autre part, l'acuité de la sensibilité morale, qui coexiste volontiers avec une constitution robuste, ne supporte pas sans dommage le choc de certaines réalités.

Le phobique et l'obsédé ne doivent donc pas, a priori, considérer leur intégrité psychique comme définitivement, ni même gravement compromise.

Les troubles précis ne s'installent pas, d'ailleurs, du jour au lendemain. Leurs signes prémonitoires ne manquent point, depuis les premières manifestations marquantes d'impressionnabilité exagérée jusqu'aux bizarreries qui avoisinent le détraquement, mais, dans la plupart des cas, ces avertissements sont, soit mal interprétés et négligés parce qu'on ne se rend pas compte de leur réelle signification, soit volontairement dissimulés par crainte de faire connaître un genre d'affliction ayant une allure d'infériorité.

Aussi, quand le mal devient évident et qu'il faut consulter, le malade et son entourage se frappent-ils puérilement. Faute de comprendre la genèse des symptômes qui ont forcé l'attention, ceux-ci prennent un caractère mystérieux, soudain, implacable. Une sorte de fatalisme issu d'une foi presque sans réserve dans le caractère inexorable des névroses tend, également, à décourager l'effort réactionnel.

Les indications qui vont suivre ont surtout pour objet d'éclairer à temps ceux qui se sentent menacés, les mettant ainsi à même de prévenir les modalités extrêmes du mal. Mais, qu'on le sache bien, toutes les fois que l'étiologie du scrupule, de l'obsession ou de l'impulsion sort du cadre lésionnel, la libération progressive et totale, définitive, reste possible pourvu que l'intéressé soit résolument déterminé à l'obtenir.

2. — L'hyperémotivité

Avant qu'intervienne le facteur psychologique, le caractère excessif de l'émotivité peut toujours être observé. Ainsi, ROGUES DE FURSAC définit-il l'obsession : « *Une idée obsédante liée à un état d'angoisse* (1) ». Parmi les hyperémotifs, l'observation discerne deux catégories très distinctes. Premièrement, les individus doués d'une imagination ardente et d'une sensibilité morale très vive, étendue, profonde. Pour ceux-là, le retentissement organique des représentations mentales, déjà plus puissant chez les normaux qu'on ne le pense communément (2), peut suffire à déterminer de formidables déviations fonctionnelles et à créer un haut degré d'éréthisme nerveux. Secondement, ceux dont les dépressions et les surexcitations semblent d'origine directement physiologique, soit par dégénérescence de la cellule nerveuse (hérédos), soit par intoxication habituelle, soit par débilité acquise (excès, surmenage), soit par misère trophique (sédentarisme, déficience métabolique, etc.) (3)

Ces derniers, souvent peu doués, à l'encontre des précédents, pour apprécier les satisfactions de l'imagination et de la sensibilité, sont *désagréablement* affectés par la plupart des émotions : « *Un choc moral léger, sans importance pour un autre sujet,* dit Rouquier (4), *les frappe, les inhibe.* » Or, pour eux, tout devient choc moral : surprises, difficultés, ordres, critiques, sensations ou impressions brusques et inaccoutumées, présence d'inconnus, menues contrariétés, menus risques, menus dangers, menues tran-

---

1. Rogues de Fursac. « *Manuel de Psychiatrie.* » Editeur Alcan.
2. Paul-C. Jagot. « *Méthode pratique d'autosuggestion.* » (Editions Dangles).
3. Souvent c'est le sédentarisme qui détermine l'inertie métabolique.
4. Rouquier. « *Précis de séméiologie neuro-psychiatrique.* » G. Doin et Cie, Editeurs, Paris, 1927.

sactions, menues douleurs, etc., etc. Leur lucidité d'esprit se trouve donc constamment obscurcie et leur humeur constamment assombrie. Ils se montrent donc gauches, timides et susceptibles, inattentifs et étourdis. De fréquentes irrégularités physiologiques témoignent du désarroi que la moindre des contrariétés leur inflige : palpitations, suffocations, sudations profuses, stases vasculaires, inhibitions digestives, rien ne leur est épargné.

Si des faibles causes engendrent, chez les prédisposés, de tels effets, on se figure aisément quelles peuvent être pour eux les conséquences de ces émotions fortes et pénibles que la vie ne ménage à presque personne et que les normaux eux-mêmes ne subissent pas toujours sans ébranlement.

3. — Le malaise anxieux

A moins que quelque résistance compensatrice ne permette au prédisposé de se maintenir dans un équilibre relatif, on concevra que l'hyperémotivité dont on vient de lire les principales manifestations primaires, s'accompagne inévitablement d'un sentiment d'appréhension continuelle, d'inquiétude, d'anxiété, de peur. Il semble toujours au patient que des ennuis, des revers, des malheurs sont imminents. Il interprète tout au travers de l'impression de crainte que ses perpétuels malaises ont peu à peu sigillée dans ses fibres. La répétition des troubles organo-végétatifs, inséparables de l'émotivité excessive, installe d'ailleurs, presque toujours, une coenesthopathie diffuse qui suffirait, sans corrélatif moral, à créer l'angoisse.

C'est alors que les causes déterminantes — infiniment variables selon l'âge, les circonstances, l'éducation, le milieu et les idio-syncrasies individuelles — vont faire surgir une ou plusieurs des manifestations suivantes qu'on eût prévenues avec un peu de sagacité et une hygiène psycho-physique appropriée.

4. — Les obsessions

Pour les uns, la peur, antérieurement mal définie, se précisera sous forme d'une phobie, c'est-à-dire d'une aversion terrifiée pour un mal avec conviction d'en être menacé ou atteint. L'une des plus répandues est la nosophobie ou peur d'une maladie, d'un genre de contagion. Exemple : une jeune femme appelée au chevet d'une de ses amies d'enfance qui se meurt de tuberculose en revient avec l'obsession qu'elle-même se trouve en proie à cette maladie. Quoique manifestement saine et rassurée par plusieurs spécialistes, elle n'en reste pas moins torturée par son imagination. Un intellectuel rapporte d'une conférence sur la microbiologie l'obsession de suspecter tout ce qu'il touche de scepticité. Un autre, vivement impressionné par quelque description de pathologie mentale, en conçoit l'horrible appréhension de devenir aliéné. Les phobies les plus diverses, les plus étranges, naissent d'une manière analogue. Certaines semblent se produire d'emblée et leur objet correspondre à ce à quoi le naturel du malade répugne le plus. Voilà une excellente mère de famille qui ne peut plus regarder ses enfants sans songer qu'elle pourrait bien se sentir irrésistiblement poussée à les tuer. Une autre personne, sensible et douce, interprète tout ce qu'elle voit et tout ce qu'elle entend comme une menace de ce choc nerveux qu'elle redoute pardessus tout. L'homme assis en face d'elle, dans le wagon, ne va-t-il pas sortir une arme de sa poche et l'attaquer ? Les promeneurs attardés qui passent la nuit sous sa fenêtre sont sûrement en train de méditer un mauvais coup contre sa maison. Le chien qu'elle vient de caresser et qui lui a léché la main peut être contaminé. Il lui semble ressentir les premiers symptômes de la rage...

Précisément parce qu'ils redoutent effroyablement de tomber dans l'« impureté », certains croyants, anxieux, sont obsédés par de tenaces imaginations lubriques. Leur terreur de l'enfer les persuade qu'ils sont voués à la damnation éternelle.

Dans certains cas d'obsession, le malade se rend compte de

l'absurdité de ses craintes. Ce sont les plus accessibles à la rééducation. Dans d'autres, il s'ingénue à les justifier et ses divagations ne cèdent pas toujours aux réfutations de ceux en qui il a confiance.

Parfois l'idée obsédante présente une forme hallucinatoire bien nette. Le sujet interprète faussement un trouble, un malaise, une souffrance réelle et en attribue la cause à une influence télépsychique malintentionnée. Depuis la vulgarisation de la T.S.F., les ondes radio-électriques ne manquent pas d'être fréquemment incriminées.

L'anémie, la fatigue excessive, les insomnies prolongées, les soucis peuvent suffire à faire naître l'obsession et l'hallucination, qui disparaissent alors si l'on restaure les forces, si l'on rétablit le sommeil (5) et la tranquillité.

Parmi les formes sous lesquelles se moule volontiers cette crainte diffuse qui résulte du malaise anxieux, le scrupule tient une large place. C'est l'appréhension d'avoir négligé ou imparfaitement effectué ce qu'il convenait de faire et d'avoir commis ce qu'il ne fallait pas. Dans la vie courante, on observe, par exemple, la manie de vérification des actes de quelque importance, chaque vérification étant immédiatement suivie d'un doute quant à sa rectitude. Mais où le scrupule sévit le plus péniblement, c'est dans le domaine moral et religieux. Le malade se suspecte de fautes énormes, d'imperfections considérables, simplement parce qu'il confond ce qui est important et ce qui ne l'est pas, ce qui est légitime et ce qui est défendu. J'écarte volontairement toute description, toute énumération, tout exemple, car la lecture d'un cas peut suffire à faire naître le scrupule chez les prédisposés et à affecter davantage les scrupuleux avérés.

Le spleen *(tedium vitae),* quoique observé sur des sujets d'apparence saine et équilibrée, n'en reste pas moins inséparable

5. Voir : Dr Oudinot et Paul-C. Jagot. « *L'insomnie vaincue.* » (Editions Dangles).

d'une hypotonie générale prédisposante aux lassitudes et aux désaffections. Alors que l'existence la plus dépourvue d'intérêt n'entame en rien l'instinct de la conservation quand le tonus vital est puissant, le détachement de la vie apparaît dès que l'énergétisme organo-végétatif tombe au-dessous d'un certain niveau. L'inhibition peut, par ailleurs, très bien se produire par réaction psycho-physiologique sous l'effet de conceptions ou d'incidences déprimantes.

5. — Les impulsions morbides

FREUD dit que le rêve est l'impression déguisée d'un désir réprimé. J'ai cru pouvoir élargir cette formule et dire : *« Le rêve est l'expression déguisée d'un désir ou d'une crainte réprimés ».* Les impulsions morbides — depuis la tentation violente de se livrer à quelque insignifiante excentricité jusqu'au besoin impérieux d'accomplir un geste immoral, auto-destructeur ou agressif — sont autant de manifestations terminales d'un circulus qui commence par la peur ou l'avidité.

« Voici, par exemple, dit ROGUES DE FURSAC (6), *un malade qui est atteint de l'impulsion-suicide et qui en est arrivé à ne plus oser traverser la Seine de crainte de se jeter à l'eau. Son histoire nous montre que c'est après avoir lu dans un journal un fait divers relatant un suicide par submersion qu'il s'est dit : « Si j'allais, moi aussi, me jeter à l'eau. » Et comme il n'a pas, en fait, le moindre désir de mourir, cette pensée l'a grandement effrayé. Elle est revenue à son esprit à de courts intervalles et a fini par s'imposer sous la forme obsédante. « Si j'allais me jeter à l'eau », est devenu : « Je pourrais bien me jeter à l'eau », enfin : « Je sens*

6. Rogues de Fursac. *« Manuel de Psychiatrie. »* Editeur Alcan.

quelque chose me pousser à me jeter à l'eau ». Et l'impulsion s'est trouvée ainsi créée. Telle est, schématisée au dernier point, la genèse d'une impulsion au suicide par submersion. On saisit la gradation des troubles, la naissance et le développement de la phobie et la transformation de la phobie en impulsion. »

Il suffit, d'autre part, qu'un nerveux soit occasionnellement déprimé pour ressentir l'appréhension de l'impulsion morbide. Un de nos correspondants, accablé par trois deuils consécutifs qui lui enlevèrent en moins de deux mois son frère, son père et l'une de ses sœurs, dut, pendant plusieurs semaines, se lever la nuit pour fermer sa fenêtre, quoi qu'on fut en plein été, parce que la vue de l'imposte ouverte lui suggérait l'idée de chute, puis l'idée qu'il pourrait, au cours de son sommeil, se lever inconsciemment et se jeter du haut de la fenêtre (7). Même à l'état de veille, quelque chose l'attirait vers l'espace vide pour qu'il y dirigeât ses regards.

Une autre personne qui, depuis deux mois, soignait jour et nuit avec un admirable dévouement sa vieille mère aux trois-quarts impotente, m'a dit avoir été surprise et quelque peu effrayée par l'idée bizarre — qui lui vint à diverses reprises — de frapper sa chère malade, de la blesser, de la faire souffrir. Il lui arrivait d'ébaucher un geste dans ce sens, mais elle parvint toujours à le retenir et quelques semaines de repos dissipèrent complètement et définitivement le trouble.

Quant à ces impulsions soudaines et irrésistibles qui déterminent leur victime à reproduire, avec la précision et l'implacabilité d'une suggestion post-hypnotique, le geste jadis accompli par quelque malade de son ascendance, je formule à leur sujet les réserves les plus énergiques. La synthèse du genre a été brillamment tentée par Paul BOURGET qui nous a décrit, dans *« La geôle »*, l'impressionnante fatalité du suicide d'un hététo-anxieux dont le

7. Idée injustifiée, car le sujet n'était pas le moins du monde prédisposé au somnambulisme naturel.

père, jadis, se donna également la mort. Le héros de l'histoire laisse un fils en bas âge qui, plus tard, lui aussi, à la suite d'un chagrin d'amour, ressent la fatale impulsion mais s'en trouve libéré par l'influence d'une mère persuasive et forte. Qu'on ait seulement, en semblable cas, inculqué dès l'enfance aux deux sujets menacés, les principes de *l'auto-contrôle, dignité essentielle et sauvegarde primordiale de l'homme,* qu'on les ait incités sans relâche, à raisonner et à maîtriser *toutes* leurs impulsions, à se dominer au triple point de vue instinctif, affectif et imaginatif, et leur *personnalité acquise,* volontaire, aurait certainement surmonté leur *personnalité héréditaire.*

D'ailleurs, les facteurs ancestraux, toujours multiples, se précisent ou s'atténuent selon l'attitude prise par l'intéressé à leur égard. Qui ne possède, dans son arbre généalogique, quelque caractère droit,.énergique et délibéré ? Il suffit alors de se conformer aux principes de l'éducation psychique pour désagréger en soi-même les plus funestes hérédités et pour favoriser l'épanouissement des hérédités saines et lucides.

6. — Soins physiques

Qu'il s'agisse de pantophobie généralisée ou d'obsession caractérisée, le point de départ logique de tout traitement est un inventaire anatomo-physiologique minutieux. Le malade se plaint presque toujours d'une ou plusieurs irrégularités fonctionnelles dont il souffre. Loin de se borner à une médication uniquement dirigée contre ces dysfonctionnements manifestes, il faut viser à une régularisation intégrale et, par conséquent, examiner chaque organe, évaluer la puissance de chaque appareil et procéder aux réglages qui s'imposent par les prescriptions corrélatives.

Ainsi, élever le tonus vital, harmoniser la coenesthésie, c'est réaliser les conditions préalables essentielles de réceptivité aux influences psychothérapeutiques.

Une excellente base de début pour la recherche méthodique des dystrophies, hypoactivités ou déviations qu'on doit s'attendre à découvrir est fournie par les données morphologiques qui font l'objet de l'ouvrage du Dr Paul CARTON : *« Diagnostic et conduite des tempéraments »*. L'application de ces données met rapidement en lumière les principales tendances pathologiques du sujet, circonscrit utilement le travail du clinicien et celles du laboratoire.

Outre les soins spéciaux auxquels ce qui précède donnera lieu, on doit :

— supprimer radicalement tous les excitants, quels qu'ils soient ;

— adopter un régime alimentaire non toxique et reconstituant, à base végétarienne ;

— étendre, favoriser, tonifier la fonction respiratoire par un entraînement progressif, mais inflexible. Une respiration large et profonde constitue un antidote merveilleux contre tout malaise anxieux ;

— s'exercer plusieurs fois par jour à la détente musculaire intégrale avec raréfaction et, si possible, repos complet de la pensée. Se reporter à ce sujet aux indications données chapitre II, paragraphe 3.

7. — Psychothérapie

La condition première du succès dans la cure des idées obsédantes est la résolution de les surmonter. L'intéressé doit se déterminer à agir dans ce but, inlassablement, et, pour commencer, se conformer très exactement aux prescriptions purement hygiéniques qui précèdent. L'emploi de son temps, soigneusement délibéré et arrêté, sera méticuleusement observé. Chaque moment aura sa destination définie, de manière à écarter le désœuvrement et la rêverie qui ramènent inévitablement la rumination.

Le point capital de la rééducation est l'entraînement de l'attention volontaire. Pour cela s'exercer, dans la mesure de ses ressources, à la concentration d'esprit en s'appliquant à des besognes, à des travaux, à des occupations nécessitant l'activité de la pensée.

Le malade surveillera ses impulsions — instinctives, émotives, imaginatives, — en s'efforçant de les raisonner et de se refuser à satisfaire celles qu'il reconnaîtra inutiles ou nuisibles. En particulier, qu'il surmonte son penchant à parler de lui-même intempestivement, à exposer ses troubles, à se plaindre et à se lamenter.

Enfin, il aura recours soit à la suggestion, soit à l'autosuggestion. Cette dernière pratique nécessite l'acquisition préalable d'un certain degré d'attention volontaire, car elle ne saurait avoir qu'une faible efficacité si elle se borne à la répétition machinale de phrases rassurantes. Il s'agit de maintenir dans le champ de la pensée la représentation imaginée des effets qu'on désire déterminer (8) et le vif désir de les obtenir. A chaque cas correspond sa formule spéciale d'autosuggestion qui pourra être combinée à l'aide des idées conductrices suivantes : *« Je deviens calme, je deviens libre, je deviens maître de mes pensées. L'importance des préoccupations qui me tourmentent diminue. Elles me semblent de plus en plus indifférentes. Elles languissent et s'atténuent. Elles disparaissent. Aucune pensée, aucune impulsion ne peut s'imposer malgré ma volonté. J'ai une forte volonté. Je me contrôle chaque jour de mieux en mieux. Personne ne m'influence. Je suis inaccessible à l'influence d'autrui. Ma quiétude devient de plus en plus parfaite. Je me sens parfaitement à l'aise. Je ne m'émeus pas. Je me sens tranquille et content. Une véritable transformation s'opère*

8. Voir : *« Méthode pratique d'autosuggestion. »* Même auteur. (Editions Dangles).

en moi. Je sens une vie nouvelle et des forces sans cesse accrues. Je surmonte tout ce qui tend à me troubler. Ma personnalité se modifie et s'affermit. J'ai une volonté résolue et ferme. Je ne me préoccupe que quand je le décide. Je prends un véritable plaisir à gouverner ma pensée et mes actions. Mes progrès marchent de plus en plus vite. Ils sont de plus en plus importants. »

En dehors des séances régulières de suggestion ou d'autosuggestion, l'intéressé réagira paisiblement, mais fermement, chaque fois que cela se montre nécessaire. Il se répétera avec calme : *« Je ne permets pas à d'insignifiantes considérations de me troubler. En ce moment, je décide de m'abstraire dans l'occupation que j'ai prévue et qui m'intéresse au plus haut point, parce qu'en m'y appliquant je fortifie ma liberté mentale. »*

S'il a des scrupules d'ordre religieux, il se rappellera que la première de toutes les vertus requises de lui est l'obéissance, non seulement déférente, mais empressée aux instructions qui lui sont données par son directeur et que sa docilité lui assure, pour tout le reste, l'indulgence des Puissances Invisibles.

Le meilleur entourage pour un obsédé ou un scrupuleux sera toujours un petit nombre de personnes gaies, actives, résolues et bienveillantes. L'exemple, là comme ailleurs, constitue une des formes les plus puissantes de suggestion.

CHAPITRE XIV

L'harmonie

1. — Les principes conducteurs

La plupart des prédispositions névropathiques, insuffisances ou débilités, soit congénitales, soit acquises, dont nous avons traité dans ce livre, peuvent être surmontées si l'on s'impose méthodiquement les mesures nécessaires.

De plus, les résistances nerveuses et la vie psychique s'améliorent progressivement, les fonctions physiques se régularisent, les facultés et aptitudes gagnent en subtilité et en étendue chez tous ceux qui se conforment aux principes de la culture individuelle.

Toute constitution a ses points faibles, tout caractère est enclin à certaines faiblesses, toute intelligence a ses limites. Si on se *laisse aller,* l'organe fragile s'achemine vers l'atonie, chaque faiblesse morale détermine à l'échéance quelque grave déboire et le niveau intellectuel régresse peu à peu. Si, au contraire, on *réagit,* si, par un effort de jugement et de volonté, on substitue au comportement impulsif issu des impulsions passivement subies, un comportement réfléchi conformément aux lois de l'harmonie psycho-physiologique, on valorise infailliblement ses conditionnements primitifs, si médiocres qu'ils soient.

Chacun devrait se considérer non pas comme destiné à demeurer figé dans sa condition actuelle, mais comme susceptible d'être une création continue de lui-même dont la pensée deviendra de plus en plus claire, rapide et précise, dont les sentiments seront de mieux en mieux délibérés, dont l'activité prendra, d'année en année, un caractère plus judicieux et plus profitable s'il a soin de se tracer et de suivre une ligne de conduite en tout point favorable à l'épanouissement de sa personnalité.

En se pénétrant des considérations exposées précédemment aux chapitres IV et XI, le lecteur se rendra compte que ce qui lui importe le plus en ce monde, c'est le degré de lucidité et de fécondité de son esprit, la densité de ses énergies et la stabilité de son équilibre vital. De ces biens primordiaux, il se souciera donc *avant tout.*

2. — La machine physiologique

C'est par le réglage interne qu'il convient de commencer, car sans le bien-être coenesthésique et la liberté d'esprit corrélative tout le reste se trouve compromis. Chacun devrait donc connaître, surveiller et régler le mécanisme des quatre groupes généraux de fonctions (1) qui élaborent en lui-même la santé ou la maladie, selon qu'elles s'accomplissent avec rectitude ou désordre. Ainsi que j'ai déjà eu l'occasion de le dire au cours de ce traité, je considère comme indispensable à tous l'acquisition des éléments d'anatomie et de physiologie sans lesquels on ne saurait gouverner avec précision ses mécanismes fonctionnels. Ici, je ne puis que rappeler les principes élémentaires de l'hygiène :

---

1. Digestive, respiratoire, vasculaire et nerveuse.

1°) Alimentez votre machine sans l'encrasser. C'est-à-dire, usez exclusivement d'aliments sains et purs et n'outrepassez pas les quantités (2) au-delà desquelles l'encombrement et l'intoxication surviennent (3).

2°) Si les besoins alimentaires se manifestent impérieusement, le besoin d'air — non moins important — se montre plus élastique et ne force l'attention qu'à la dernière extrémité — quand l'asphyxie menace. Aussi perd-on aisément de vue le rôle vital de l'intégrité fonctionnelle des poumons et de la pureté de l'air inspiré. Pour vous assurer le maximum de robustesse physique et d'énergie nerveuse compatible avec votre constitution, il faut élever et maintenir à leur degré maximum votre capacité et votre activité respiratoires. Ceci nécessite une période de mise au point sous la direction d'un spécialiste et un travail journalier d'entretien par la suite.

3°) La lumière et le mouvement, indispensables à l'activité métabolique, restent, avec la respiration profonde, les toniques les plus souverains de toute débilité. Mais il faut en user avec mesure, chercher progressivement à atteindre, puis à conserver, le plus haut degré de puissance musculaire favorable à l'équilibre général sans jamais s'évertuer, sous aucune considération à dépasser ce degré. Les hypertrophies musculaires se paient d'atrophies psychiques. Au point de vue hygiénique, mieux vaut, d'ailleurs, utiliser régulièrement une heure par jour à respirer activement, à marcher et à s'assouplir que de se livrer une où deux fois par semaine à quelque effort violent et prolongé.

---

2. Voir chapitre I, paragraphe V.

3. Nous sommes environnés de gens qui mangent trop et qui mangent mal. Leur exemple, leurs paroles suggèrent l'imitation de leurs errements. Nous sommes également environnés de gastralgiques, d'hépatiques, de brightiques, de congestifs et d'entériteux. Leur exemple et leurs paroles suggèrent la sagesse.

4°) Le contentement attaché à la satisfaction des besoins physiques engendre volontiers un sensualisme despotique. De l'excès au délabrement, aux fléchissements et aux impotences il n'y a qu'un pas. La modération, au contraire, contribue puissamment à fortifier le corps et l'esprit. Dépasser la mesure au-delà de laquelle le plaisir achemine vers de pénibles altérations témoigne d'un causalisme tout à fait imprécis.

5°) Rien ne remplace les huit heures de repos nocturne au cours desquelles se restaurent tous nos éléments constitutifs. Que votre somniation soit régulière, profonde et calme. Ainsi que je l'ai dit d'autre part (4), le bien dormir affermit la santé, conserve la jeunesse, augmente la vigueur, permet une joyeuse activité et favorise toute guérison.

6°) De même que, périodiquement, vous livrez votre bouche à l'examen du dentiste, faites inventorier, chaque année, votre état général par le médecin qui sera ainsi mis à même de surprendre et de juguler dès l'origine les toutes premières manifestations de vos tendances pathologiques. Une ou deux heures sacrifiées à la vigilance vous épargneront sans doute des mois d'hypoactivité et des années d'existence.

3. — La sensibilité

Le dérèglement de la sensibilité engendre l'erreur, l'asservissement, la névrose ; elle doit donc être gouvernée. Ses lacunes restreignent l'entendement et ses atonies retentissent sur la volonté ; elle doit donc être cultivée.

Les impressions, les émotions, les sentiments ébranlent à la

---

4. Voir : Dr Oudinot et Paul-C. Jagot : « *L'Insomnie vaincue.* » (Editions Dangles).

fois la sphère intellectuelle qu'elles stimulent et informent — qu'elles mettent en contact avec le monde extérieur — et la sphère volitive, en y suscitant des avidités et des répulsions.

Pour développer et gouverner tout à la fois la sensibilité :

1°) Analysez soigneusement ses réactions. Réfléchissez-les. Rendez-vous compte des impulsions qu'elles tendent à faire naître en vous.

2°) Réfléchissez également, pour tâcher de les comprendre, les impressions, émotions et sentiments étrangers à votre propre sensibilité. Concevez et assimilez-vous la manière de sentir de ceux que vous pouvez observer, même s'il s'agit de personnalités très différentes de la vôtre.

3°) Acquérez une culture philosophique, littéraire, artistique — notamment musicale.

4°) Efforcez-vous de maîtriser toute manifestation extérieure de vos réactions émotionnelles. Gardez le contrôle absolu de votre attitude, de vos expressions physionomiques, de vos paroles et de vos gestes.

5°) Ne vous laissez jamais déterminer spontanément par votre sensibilité. Prenez soin d'apprécier, au moyen de délibérations raisonnées, les conceptions, les imaginations, les affections et les actions qui s'élaborent en vous.

6°) Usez d'une base d'appréciation fondée sur vos connaissances, sur vos observations, sur votre expérience. Voici les principaux critères auxquels on peut avoir recours pour tout état affectif :
— Est-il équitable ?
— A quelles actions incite-t-il ?

— Quelles sont ses conséquences individuelles et sociales ?
— Quelles sont les pensées qu'il inspire ?
— Pousse-t-il à l'activité ou à la dissipation ?
— Déprime-t-il ou augmente-t-il l'énergie ?
— Contribue-t-il à la dignité ou à la déchéance ?
— Aiguise-t-il les facultés ou les émousse-t-il ?
— Est-il favorable ou funeste à la lucidité cérébrale ?
— Cause-t-il la prospérité ou l'adversité ?
— Désirerais-je ou non en être l'objet ?
— Se fonde-t-il sur les bons ou les mauvais côtés de la nature humaine ?
— Lesquels flatte-t-il ?
— Quelles sont les conditions à réaliser pour lui donner cours sans inconvénients ?

Ainsi on évitera les erreurs, les passions et les aveuglements d'où s'ensuivent une large proportion des psychoses et des déboires.

4. — L'intelligence

Les facultés de l'intelligence se manifestent en deux modalités, l'une réceptive et compréhensive, l'autre directrice et réalisatrice. La supériorité de l'entendement dépend à la fois d'une culture sérieuse de la sensibilité, de l'attention, de l'imagination et de la mémoire. Ces dernières peuvent toujours être exercées, entraînées, valorisées par un travail que mes précédentes publications ont déjà précisé (5). Quant à la fermeté rectrice et à la fécondité réalisatrice de l'intelligence, elles se développent par une activité soutenue. Chaque effort accompli en

5. Voir, du même auteur : *« Le Pouvoir de la Volonté »* et *« Méthode pratique pour développer la mémoire. »* (Editions Dangles).

vue de subordonner l'impulsion à la délibération, d'organiser ou de produire quoi que ce soit à l'aide des lumières objectives du jugement fortifie la vigueur dictatoriale de l'intelligence.

5. — L'activité et la volonté

Dans les chapitres précédents, je suis intentionnellement revenu à diverses reprises sur l'importance de l'activité au point de vue de l'équilibre psychique, nerveux et organique. Le fait d'œuvrer constitue en effet l'exercice synthétique par excellence pourvu que le discernement soit en éveil et l'attention profondément concentrée. Une humble tâche accomplie avec souci de perfection et de virtuosité tonifie positivement tout un groupe de facultés. Inversement, un travail — de quelque nature que ce soit — si la pensée s'en évade, laisse peu à peu la langueur envahir et paralyser l'esprit. Une longue carrière perfectionne et fortifie l'homme qui s'intègre *tout entier dans son travail* ; voyez, à côté de lui, dans quelle déliquescence tombent ceux dont l'activité fut languissante et limitée aux seuls automatismes. Le travail ne doit donc pas être envisagé seulement comme une nécessité et comme un devoir, mais comme un droit dont il nous est loisible d'user, non pas uniquement afin de pourvoir à nos besoins, mais encore et surtout en vue de notre intégral développement.

La volonté ou aptitude à s'efforcer dans un sens délibéré ne fait entièrement défaut à personne. Chez certains, elle peut se trouver considérablement entravée par le manque d'influx nerveux. Aussi convient-il d'inaugurer sa culture par l'adoption d'un *modus vivendi* conforme aux indications du paragraphe 1. En exerçant cette aptitude, on augmente infailliblement sa vigueur. Que l'effort soit souvent pénible, c'est un fait. Soyez résolu à ne pas l'éviter et, *pendant que vous peinez,* dites-vous bien que *vous accomplissez la plus haute manifestation de puissance indi-*

viduelle. Persistez dans la voie de l'effort délibérément conçu et accepté. Bientôt vous aurez conquis, par la voie expérimentale, la certitude de trois merveilleuses vérités :

— L'exercice de la volonté réfléchie dispense immédiatement un réconfort proportionnel à l'intensité de la peine qu'il implique ;

— Au fur et à mesure que l'on acquiert l'empire sur soi-même, on s'aperçoit qu'on influe de plus en plus aisément et de plus en plus profondément sur les autres ;

— On offre aux hostilités du sort une prise d'autant moins sensible qu'on redoute moins ses effets désagréables ou douloureux.

Certains individus, vigoureusement organisés et animés par de violentes avidités, passent pour des modèles de volonté parce qu'ils s'évertuent avec une énergie farouche et un despotisme implacable pour obtenir l'objet de leurs ambitions.

En réalité, leur soi-disant volonté exprime simplement l'ardeur passionnée de leurs appétences. Comme ils se soucient rarement du caractère judicieux ou non de ces dernières, qu'ils les subissent aveuglément et qu'ils en dépendent entièrement, ce sont de simples esclaves conduits par un tyran.

Rappelez-vous que ce à quoi on reconnaît l'homme qui s'est forgé une volonté harmonieuse et réellement *personnelle,* c'est que sa sérénité dépend beaucoup plus de lui-même que des hommes ou des événements.

6. — L'élévation spirituelle

Elle commence quand se précise en nous-même quelque intérêt pour les domaines intangibles. Quand nous nous détournons des questions individuelles ou collectives pour exercer notre entendement sur quelque problème d'ordre universel, il semble que l'ultime centre de notre individualité s'éveille et que la conscience s'y transfère. Alors seulement, l'harmonie intérieure atteint son intégralité.

Le silence, l'isolement et la lecture méditative de textes cosmologiques, métaphysiques, symbolistes, hermétistes, etc., constituent certainement la meilleure méthode pour stimuler la vie spirituelle.

7. — L'ennemi

En vérité, l'individu qui ploie sous le faix de ses débilités recèle toujours infiniment plus de virtualités combatives et triomphatrices qu'il ne se l'imagine, mais elles lui sont masquées, dans la plupart des cas, par le seul ennemi vraiment redoutable qu'il ait à vaincre. Cet ennemi s'appelle l'INERTIE. On l'écoute volontiers parce qu'il dissuade de l'effort. A l'érudit, il parle savamment de déterminisme et d'immutabilité. Au médiocre, il ressasse mille lieux communs décourageants. Séduisant causeur, profond psychologue, il dispense à chacun le stupéfiant irrésistible.

Cependant, c'est un vain fantôme.

On l'exorcise facilement.

Il suffit de penser : « JE VEUX QUAND MEME ! » et d'entamer incontinent la lutte (6).

---

6. A ce sujet, on pourra lire avec profit l'ouvrage de Jean Chartier *« La timidité guérie en 3 semaines »* (Editions Dangles).

Bibliographie

BALLET (Pr Gilbert). — *« Traité de pathologie mentale. »*
DUMAS. — *« Traité de psychologie. »*
DUPRE (Dr Ernest). — *« Pathologie de l'imagination et de l'émotivité. »*
FLEURY (Dr Maurice de). — *« Introduction à la médecine de l'esprit. »*
— *« Les grands symptômes neurasthéniques. »*
GELEY (Dr). — *« L'être subconscient. »*
— *« De l'inconscient au conscient. »*
GUILLAUME (Dr A.). — *« Sympathicotonie, vagotonie et neurotonie. »*
JANET (Pierre). — *« Névroses et idées fixes. »*
— *« L'automatisme psychologique. »*
— *« Les médications psychologiques. »*
LEGRAIN (Dr). — *« Les grands narcotiques sociaux. »*
— *« Eléments de médecine mentale. »*
ROGUES DE FURSAC. — *« Manuel de psychiatrie. »*
ROUQUIER (Dr A.). — *« Séméiologie neuro-psychiatrique. »*
THOMAS (Dr André). — *« Psychothérapie. »*

SCHOPENHAUER. — *« Le monde comme volonté et comme représentation. »*

EYMIEU. — *« Le gouvernement de soi-même. »*
TOULEMONDE (M. l'abbé). — *« Comment soulager les nerveux. »*
RAYMOND (Le R. P.). — *« Guide des nerveux et des scrupuleux. »*

TABLE DES MATIÈRES

IMPRIMERIE CLERC (S.A.)
Photocompo-Offset
18200 Saint-Amand

Dépôt légal Editeur n° 549 - Imprimeur n° 2274

Dans la même collection :

L'INSOMNIE VAINCUE. L'art de s'endormir aisément et sans drogue, malgré les préoccupations, le bruit, la douleur.

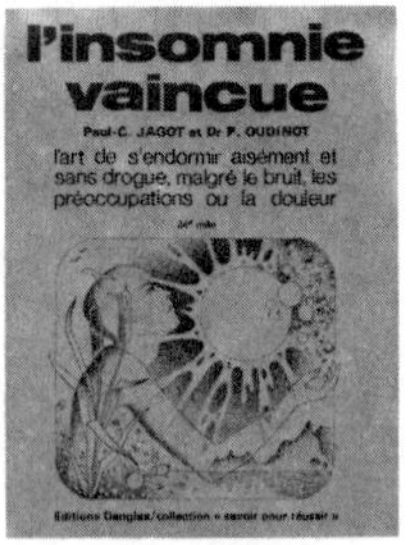

L'insomnie est-elle réellement la maladie de notre époque ? On pourrait le penser... Une multitude de personnes dorment mal, usent et abusent de somnifères, souvent, même, au préjudice de leur santé.
L'insomnie, outre son caractère profondément désagréable, épuise rapidement les nerfs et le cerveau. Nul ne saurait nier l'importance de cette réserve enfermée en chacun de nous, que l'on considère, à juste titre, comme la source même de l'énergie individuelle. Or, cette réserve ne peut se reconstituer pleinement qu'au cours du sommeil de chaque nuit.
Cet ouvrage vous apprendra comment vous endormir aisément, sans drogues, et profiter pleinement d'un sommeil intégral et réparateur. De plus, vous apprendrez à connaître les principales causes physiologiques de l'insomnie et surtout, comment les soigner.
Pour rester alerte, sûr de vous, conserver votre souplesse physique et intellectuelle, et devenir, vous aussi, un véritable « homme d'action », APPRENEZ A BIEN DORMIR ! Ce livre a été écrit pour cela.

Louis WAN DER HEYOTEN
SANTE ET HARMONIE, par les techniques corporelles et spirituelles. Culture physique, respiration, relaxation, acupressing, alimentation, méditation...

Un mental fort ainsi qu'un corps souple et puissant sont les deux conditions primordiales de la santé, de l'harmonie psychosomatique et de l'énergie individuelle, facteurs essentiels de joie, de réussite et de bonheur.
La pratique de ces techniques corporelles et mentales naturelles (culture physique, relaxation, respiration profonde, acupressing, méditation, diététique, hygiène de vie...) est et doit demeurer l'arme la plus efficace contre le déficit organique qui menace chacun de nous à plus ou moins longue échéance.
Ces techniques simples et efficaces (car utilisant l'exercice systématique des fonctions physiologiques) vous sont ici présentées d'une manière directe et précise, et vous assureront cet épanouissement psycho-organique tant indispensable face à l'agression et aux stress de la vie moderne.
L'auteur, hygiéniste-dététicien, vous livre son savoir dans un texte clair, concis et concret, en rapport direct avec le réel vécu. Voici donc un petit guide de tous les jours, d'application immédiate, qui vous aidera à atteindre cette harmonie vitale à laquelle chaque être humain aspire, dans l'optique de l'épanouissement individuel et d'une vie heureuse, satisfaisante et bien remplie.

Du même auteur, dans la même collection :

LE POUVOIR DE LA VOLONTE, sur soi-même, sur les autres, sur le destin. Méthode pratique d'influence personnelle.

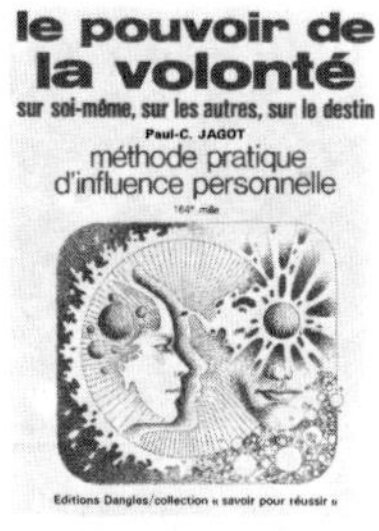

164e mille

Pour apprendre à vouloir avec énergie et ténacité, pour acquérir la maîtrise de soi-même, l'assurance et toutes les caractéristiques d'une forte personnalité. Ce livre est le plus utile, le plus salutaire que vous puissiez lire. Les plus déprimés reprennent courage en le lisant. Il révèle comment la volonté agit invisiblement en nous-mêmes et hors de nous, comment son action soulage et guérit qui sait l'employer, comment elle triomphe des obstacles, modifie les circonstances, s'impose à ceux à qui l'on pense et donne à chacun le pouvoir de forger son destin. Indispensable à qui veut réussir, clair, précis, détaillé et complet, ce manuel de la puissance individuelle est réputé comme le chef-d'œuvre du genre.
Indispensable à qui veut réussir !

METHODE PRATIQUE D'AUTOSUGGESTION. Pour acquérir calme, fermeté et lucidité, et favoriser la guérison de toute maladie.

58e mille

Par l'autosuggestion, chacun prend sur lui-même une influence considérable. Cette pratique permet, en effet, de modifier sa personnalité, ses tendances, ses penchants, de rompre toute habitude, d'acquérir l'imperturbabilité, la force de caractère, la fermeté qui caractérisent l'empire sur soi-même. Toutes les maladies organiques, nerveuses, ou morales sont rapidement améliorées sous l'effet de l'autosuggestion, et la plupart d'entre elles sont radicalement guéries. On ne compte plus les désespérés, les infirmes, les incurables qui se sont guéris en utilisant le pouvoir de la pensée.
Ce livre, essentiellement pratique, écrit par un expérimentateur, constitue un manuel clair et précis d'où sont bannis les exagérations et les illogismes, qui ont longtemps écarté les gens sérieux de l'étude des questions psychiques. Une importante partie traite de l'art de suggestionner autrui et d'opérer ainsi les rééducations et guérisons rendues possibles par le maniement du subconscient.

Du même auteur, dans la même collection :

PSYCHOLOGIE DE L'AMOUR. L'instinct, la sensibilité, l'imagination... Réussissez votre vie sentimentale !

Certains êtres paraissent attirer la sympathie et inspirer l'amour beaucoup plus facilement que d'autres. Et pourtant, tous les éléments constitutifs du charme qui captive, et de la puissance séductrice qui crée l'amour profond et exclusif, peuvent être développés en vous-même, grâce aux conseils contenus dans cet ouvrage.

Vous y trouverez notamment :

— une lucide analyse des conditions dans lesquelles l'amour naît, évolue et s'éteint ;
— un exposé du déterminisme des inclinations et des incompatibilités ;
— une étude sur le rôle des impondérables dont il faut tenir compte ;
— la technique du traitement des crises aiguës et des états psycho-nerveux consécutifs aux déceptions amoureuses ;
— une méthode scientifique pour la maîtrise de l'intinct sexuel ;
— des données nouvelles sur la communication télépsychique des états affectifs;
— enfin, tous les éléments vous permettant de réussir au mieux votre vie sentimentale.

Cet ouvrage est le plus limpide des exposés sur la question.

LA TIMIDITE VAINCUE. Vous pouvez acquérir l'assurance, la fermeté et la confiance en vous-même.

Pourquoi êtes-vous timide alors que d'autres sont hardis ?
Il importe avant tout de vous en rendre compte. Vous acquerrez ainsi une juste notion des causes qui déterminent votre timidité. Vous comprendrez alors que vous pouvez la surmonter, car chacun des éléments dont elle résulte peut être graduellement éliminé.

Vous apprendrez à vous rendre intérieurement inaccessible à toute influence. En présence de qui que ce soit, et en toute circonstance, votre moral conservera son calme et sa fermeté.

Certains souffrent d'une impressionnabilité excessive en présence des femmes. Parfois hardis pour tout autre chose, ils sont timides en amour. En appliquant les conseils pratiques donnés dans cet ouvrage vous acquerrez cette confiance réfléchie en vos possibilités de succès. Indispensable à qui veut faire son chemin au travers des embûches de la vie moderne.

Les portes d'une nouvelle vie vont s'ouvrir devant vous !

Du même auteur, dans la même collection :

LES LOIS DU SUCCES. Méthode pratique pour donner à vos efforts et à vos désirs leur maximum d'efficacité réalisatrice.

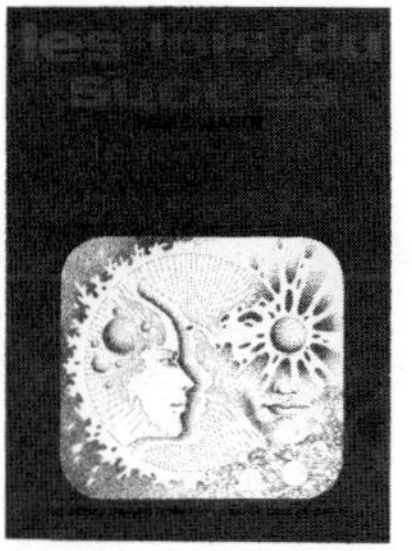

Trois éléments sont à la base de tout succès et de toute réussite :
— Les facilités et dons naturels ;
— L'effort délibéré et volontaire ;
— Les chances extérieures et fortuités favorables.
On peut toujours influer plus ou moins fortement sur chacun de ces trois éléments dont les rôles se conjuguent et s'interpénètrent étroitement.
L'homme sans présomption, mais résolu à ne rien abandonner au hasard, à développer jusqu'à leur extrême limite la qualité et le rendement de ses aptitudes, obtiendra toujours le maximum compatible avec ses possibilités et avec les circonstances dans lesquelles il se trouve placé.
D'une part, il évoluera en se fortifiant physiquement et moralement, d'autre part il progressera sur la voie de la prospérité. Son influence augmentera de jour en jour. Même peu doué au départ, défavorisé ou issu d'un milieu modeste, il pourra transformer sa destinée et réussira mathématiquement.
Ce bréviaire de l'action vous donne toutes les indications de détail et de pratique nécessaires à cette nouvelle vie à laquelle vous avez droit.
L'auteur ne s'est inspiré que d'un seul maître : l'EXPERIENCE ; il ne s'est soucié que d'une chose : la CLARTE.

L'EFFORT REALISATEUR ET L'ENERGIE DE LA REUSSITE.

Comment devenir énergique, calme et tenace face aux difficultés de la vie.

Pour l'obtention de quelque résultat que ce soit, il est nécessaire d'effectuer certains efforts. Or, c'est précisément l'aptitude de chacun à effectuer et mener à bien ces efforts qui détermine la réussite individuelle, et caractérise ceux à qui la **« chance semble toujours sourire »**.
Avec clarté et précision, cet ouvrage met à votre portée un ensemble coordonné de notions pratiques qui vous permettront d'augmenter votre vigueur cérébrale, votre potentiel énergétique, votre lucidité d'esprit, votre hardiesse, votre ténacité et votre puissance de travail.
Chacun trouvera dans ce livre des indications utiles pour améliorer et régler ses diverses fonctions organiques et, de plus, un programme d'entretien musculaire journalier apportant souplesse et tonus musculaire. Ne plus être entravé par son corps physique est déjà un grand pas pour susciter en soi ce haut degré d'ardeur, d'application et d'acharnement, générateur des réussites les plus spectaculaires.
Par cette méthode, immédiatement utilisable, chacun peut enfin prétendre à une véritable amélioration de son existence, tant matérielle que physique et psychique.

Du même auteur, dans la même collection :

91e mille

METHODE PRATIQUE POUR DEVELOPPER LA MEMOIRE. L'art d'apprendre, de retenir et de se rappeler exactement.

Une bonne mémoire facilite tout et ouvre l'accès des possibilités supérieures. En développant la vôtre, vous vous assurerez un des plus puissants moyens de succès. Vous pouvez devenir capable d'apprendre rapidement, de graver dans votre esprit tout ce dont vous voulez vous souvenir, et de vous rappeler chaque chose en temps opportun. Cette méthode, absolument unique, efficace dans les cas les plus rebelles, développe à tout âge cet à-propos continuel du souvenir, ce rappel instantané des notions dont vous avez besoin de vous souvenir immédiatement. Les plus de 90 000 exemplaires déjà vendus (sans aucune publicité) depuis sa parution, démontrent mieux que tout, le succès de ce petit manuel.

METHODE RATIONNELLE POUR ACQUERIR LA MAITRISE DE SOI. Devenez énergique, gouvernez vos instincts, dominez vos émotions.

Dans le menu détail des actes quotidiens comme aux heures décisives, l'empire sur soi-même est d'une importance capitale.
Savoir se mettre au travail à l'heure prévue ; entreprendre résolument ce que l'on a à faire ; savoir contenir une parole ou un geste regrettable ; se préserver contre l'étourderie et l'inadvertance souvent onéreuses, parfois tragiques ; savoir observer un régime ; modérer une tendance ; réglementer l'emploi de ses ressources ; réagir avec calme et décision dans les circonstances angoissantes ; savoir s'organiser dans les pires épreuves : autant de possibilités qui nécessitent, à des degrés divers, cette qualification primordiale : **La maîtrise de soi**. Elle ne s'improvise pas ; elle s'acquiert par la mise en pratique d'une série coordonnée d'indications dont on trouvera le détail dans ce livre destiné à tous ceux qui ambitionnent d'apprendre à régner sur eux-mêmes.

Dans la même collection :

A. LUZY

LA PUISSANCE DU REGARD. Il y a dans votre regard, des forces inconnues : apprenez à les utiliser.

Le langage des yeux, tout en dévoilant des choses qu'aucune langue ne peut exprimer, a toujours été universellement compris par les hommes de tous les pays et de toutes les races. C'est le reflet de la vie intérieure, des sentiments, des passions, du chagrin, de l'ironie, de la droiture ou de la fourberie. L'analyse du regard de vos interlocuteurs vous permettra non seulement de vous former votre première impression, mais vous révélera également leur caractère profond et leurs intentions cachées.
De plus, vous pourrez vous-même acquérir par l'exercice, ce regard pénétrant et scrutateur, devant lequel, tous les artifices et tromperies resteront vains.
Votre regard vous secondera comme un ami ; il deviendra une force qui vous aidera beaucoup à persuader, infléchir et conquérir.
Un homme fort et assuré possède un regard qui « en impose » et qui persuade. Vous deviendrez cet homme !

J. CHARTIER (Docteur en Psychologie)

COMMENT ACQUERIR UNE PERSONNALITE SUPERIEURE. Devenez maître de votre destin, dominez vos peurs, et réaliser vos ambitions.

Cette nouvelle méthode, essentiellement pratique, est basée uniquement sur l'expérience et sur l'étude concrète d'une partie pratique de la psychologie appliquée : l'auto-stimulation psychique. Il ne s'agit pas d'une vague théorie noyée dans de nombreux mots savants, mais d'un guide précis et d'application immédiate.
Quels que soient votre âge, votre situation, votre profession, votre degré d'instruction, votre mode de vie, votre situation de famille, vous trouverez dans cet ouvrage, le moyen de développer au maximum votre personnalité, et de réaliser avec succès et rapidement vos légitimes ambitions.
En quelques jours, dès la première lecture, vous vous rendrez compte des résultats. Et pourtant, les exercices sont simples, ne demandent aucun effort difficile et sont tous facultatifs.
Dans la première partie, vous apprendrez à connaître parfaitement votre caractère, ce qui est indispensable pour pouvoir se corriger. La deuxième partie se compose d'exercices très simples, très faciles, qui transformeront et développeront votre personnalité au maximum sans effort excessif, et très rapidement.

Du même auteur, dans la même collection :

COMMENT DEVELOPPER VOTRE CHARME PERSONNEL. L'influence psychique et l'attrait esthétique.

Le « charme personnel » est l'élément qui détermine spontanément, envers ceux qui en sont pourvus, courtoisie, prévenance, empressement, confiance et sympathie, sentiments formant la base de tout amour durable. Si ce précieux attribut ne dépendait que d'une quelconque distinction, soit esthétique, soit intellectuelle, il ne serait alors que l'apanage d'un nombre restreint de favorisés.
Heureusement, il n'en est rien ! TOUTE PERSONNE peut plaire, captiver, séduire, émouvoir ainsi qu'inspirer ou raviver les plus durables sentiments. TOUTE PERSONNE peut modifier harmonieusement son aspect physique, raviver la fraîcheur et l'éclat de son visage et remédier aux défauts de son épiderme ou à certaines malformations de son corps.
TOUTE PERSONNE peut irradier une irrésistible attirance, donner à sa parole un étrange pouvoir de persuasion, à son regard une expression fascinatrice et pénétrante, et influer invisiblement — même à distance — sur les pensées d'autrui.
Cette méthode, résultat de 25 années d'études, vous apprendra point par point comment modifier votre aspect psychique et physique, afin qu'il émane de vous cette sorte d'attractivité que beaucoup vous envieront.

LES MARQUES REVELATRICES DU CARACTERE ET DU DESTIN. L'art de lire sur les visages.

Les chercheurs du temps passé nous ont légué une série d'observations dont l'assimilation permet de pénétrer au-delà des apparences et du tangible, soit par l'interprétation de certains indices, soit par la mise en activité d'une percipience d'ordre intuitif, soit s'il s'agit de questions d'ordre universel, par l'application des principes de la philosophie dite « hermétique ».
Dans la vie quotidienne, l'observation de la conformation des visages se montre fort utilement instructive. Il n'y faut que de l'attention, de la mémoire et un peu de pratique.
Cette étude des visages vous permettra de lire au plus profond des âmes, de déjouer les dissimulations, de découvrir les pensées les plus cachées, de discerner les réelles qualifications et supériorités. Tout cela vous sera utile dans l'art de convaincre, de persuader et de conquérir.
Vous saurez enfin ce que peuvent vous cacher certains de vos interlocuteurs, ce que l'on peut penser de vous, et sur quelles personnes vous pourrez vous reposer en toute confiance.